한국어 말하기 읽기 성장 프로그램

우리말카드와 함께하는

한국어 해독해 4

해독과 읽기 유창성 워크북

김미배 · 윤효진 · 정연주 · 설아영
신가영 · 배소영 공저

학지사

한국어 해독해 ④ 해독과 읽기 유창성 워크북

머리말

『한국어 해독해』 시리즈를 펴내며

듣고 말하고 읽고 쓰는 활동은 인간 발달에 매우 중요한 역할을 합니다. 그리고 이 듣고 말하고 읽고 쓰는 활동은 근본적으로 낱말들을 기초로 이루어집니다.

유치원 시기의 아동은 몇 년 동안 수천 개의 단어를 말하는 수준으로 발달합니다. 우리는 수백 개의 단어를 활용하여 기본적인 의사소통을 하며, 단어들은 문장을 만들어 대화를 이어 나가는 데 매우 중요한 역할을 합니다.

아동은 학령기에 들어가면 단어들을 이용해 길게 이야기를 하거나, 글을 쓸 수 있게 됩니다. 나아가 설명하거나 설득하는 대화를 하거나 글을 읽고 이해하고 쓸 수 있게 됩니다.

학습 또는 학업을 위해서는 무엇보다 읽고 이해하는 일이 중요합니다. 한글이 익히기 쉽다고 하나, 어떤 아동은 읽고 쓰는 것을 힘들어하기도 합니다. 이때에는 효율적으로 단어나 어절을 읽어낼 수 있도록 지원할 필요가 있습니다. 더 나아가 긴 글을 이해하고, 자신의 생각이나 뜻을 쓸 수 있도록 하는 것이 최종 목표가 될 것입니다.

『한국어 해독해』 시리즈는 듣고 말하고 읽고 쓰는 활동을 아동 수준 개별 맞춤형으로 지원하고자 합니다. 최소한의 단어로 최대한 빠르고 즐겁게 아동의 말하기 및 읽기 능력을 증진시키고자 합니다. 『한국어 해독해』는 우리말카드에 있는 단어와 초등 교과의 주제 및 내용을 활용하며, 최소의 단어로 언어 읽기 습득의 발판을 제공하고자 합니다.

『한국어 해독해』 시리즈는 총 5권으로 구성하였습니다. 1권은 아동의 말하기 능력을 지원합니다. 특히 어휘와 담화에 초점을 두었습니다. 2권은 읽기 및 해독능력을 집중적으로 지원합니다. 통글자, 음운인식, 파닉스, 읽기유창성에 초점을 두어 지원합니다. 3권은 읽기이해를 집중적으로 지원합니다. 이야기와 설명담화에 초점을 두어 한국어의 기초를 지원하는 것입니다. 또한 4권과 5권은 각각 2권과 3권의 워크북으로 각 아동이 직접 사용할 수 있도록 하였습니다.

1권 『어휘와 이야기 말하기』에서는 아동의 어휘 수를 늘리고, 문장을 조합하여 말로 이야기하거나 설명할 수 있도록 지원합니다.

〈의미 편〉에서는 마트, 병원, 세탁, 목욕, 가게 놀이, 색칠하기, 미술활동, 동네 꾸미기 등의 주요한 사회적 상황에서 단어 수를 늘려가는 방법을 제시합니다. 명사나 서술어뿐 아니라, 관용구를 포함하였습니다. 응용활동을 통해 자기주도적으로 단어 수를 확장할 수 있도록 하였고, 선생님이 단서를 어떻게 활용할 수 있는지 제시합니다.

〈담화 편〉에서는 개인 경험에 입각하여 하나의 에피소드를 말할 수 있도록 지원합니다. 특히 사회적 의사소통의 기초가 되는 상황을 제공합니다. 그리고 학교생활에 기초가 되는 이야기 및 설명 담화의 기초를 제공합니다.

2권 『해독과 읽기 유창성』에서는 파닉스 원리를 응용하여 한글의 자소와 음소를 연결할 수 있도록 지원합니다. 철자와 연계하여 받아쓰기 능력에 도움을 주고자 하였습니다.

2권은 1~4부로 나누어 아동에게 효율적으로 읽기를 가르치는 방법을 제공합니다. 1부에서는 읽기를 시작하는 아동을 대상으로 음운인식 활동을 하는 방법을 소개하며 아동이 친숙한 낱말을 통글자로 읽도록 합니다. 2부에서는 파닉스 원리를 바탕으로 낱글자를 말소리와 연결하고 낱글자를 조합하여 낱말을 읽을 수 있도록 합니다. 3부에서는 낱말을 구성하는 다양한 음절 및 낱글자를 읽도록 하고 특히 아동들이 어려워하는 받침을 읽을 수 있도록 합니다. 또한 문법형태소 읽기를 지원하여 이후 문장 읽기의 바탕을 마련하도록 합니다. 4부에서는 글에 자주 출현하는 음운규칙을 적용하도록 하며 다양한 문법형태소가 활용될 때 음운규칙을 적용하여 읽도록 합니다. 또한 낱말뿐만 아니라 문장 및 문단에서도 음운규칙을 적용하여 읽을 수 있도록 합니다.

3권 『이야기와 설명 담화 독해』에서는 이야기와 설명 설득 담화를 중심으로 초등학생들에게 필요한 읽기 이해력과 쓰기 능력을 지원합니다.

3권에서는 개별 아동의 언어 및 읽기 수준을 고려하여, 핵심형과 확장형의 두 가지 유형으로 구성된 이야기 및 설명 설득글 텍스트를 제공합니다. 각 읽기 텍스트에서 다루고 있는 주제는 읽기관련 교과 분석을 토대로 구성하였는데, [이야기 담화 편]에서는 가정, 학교, 지역사회 활동과 관련된 주제, [설명 담화 편]에서는 초등학령기에 주로 다루는 설명글 구조와 설명 및 설득글 주제를 반영하였습니다.

텍스트를 읽고 이해하기 위해 읽기 전, 읽기 중, 읽기 후 세 단계에서 적용할 수 있는 읽기지도 전략을 소개하고 활용 절차를 제시하고 있습니다. 읽기 전 활동으로 글의 유형 파악하기, 배경지식 활용하기, 핵심어 보고 내용 예측하기가 있으며, 읽기 중 활동으로는 소리내어 유창하게 읽기, 글을 읽으면서 이해 모니터링 하기가 포함되어 있습니다. 읽기 후 활동으로는 어휘 확인하기, 글의 중심 내용과 세부 내용 파악하기, 글의 도식 파악하기, 글의 내용을 묻는 질문에 대답하기 등의 활동절차와 그에 따른 지도활용 지침을 상세하게 제시하고 있습니다.

4권은 2권 『해독과 읽기 유창성』의 워크북입니다. 2권의 목표 및 지침을 바탕으로 실제 활용할 수 있는 자료를 제공합니다. 치료 및 교육환경뿐만 아니라 가정에서도 아동과 쉽게 사용할 수 있도록 다양한 자료를 제공합니다. 그림 및 글자카드뿐만 아니라 활동에서 활용될 수 있는 색칠하기, 짝 맞추기, 게임하기, 만들기 등의 다양한 자료를 제공하여 즐거운 읽기활동이 될 수 있도록 합니다.

5권은 3권 『이야기와 설명 담화 독해』의 워크북입니다. 5권에서는 3권에서 제시하고 있는 각 읽기 활동 목표와 지침에 따라 실제 활용할 수 있는 다양한 자료를 제시하고 있습니다. 교육현장과 가정에서 실제로 사용할 수 있는 글자카드, 글의 순서와 도식 파악을 위한 다양한 이야기 도식판, 단어카드 만들기, 요약하기 등이 포함되어 있어 아동 스스로 글의 내용을 이해하면서 사용할 수 있도록 자료를 제시하였습니다.

언어 읽기 발달을 촉진하기 위해서는 무엇보다 아동의 발달 수준과 흥미에 따라 출발점을 선택해야 합니다. 『한국어 해독해』 시리즈에서 제시하는 내용을 기초로 각 아동에게 더욱 흥미로운 자료가 재조직되고 탄생할 수 있습니다.

이 시리즈로 아동 한 명 한 명의 말하기와 읽기 그리고 쓰기 능력이 향상되기를 바랍니다. 또한 아동과 선생님, 가족이 모두 즐겁게 자기주도적인 경험을 하기를 기대합니다. 무엇보다 아동이 당당하게 자신의 느낌과 생각을 말하거나 글로 쓸 수 있기를 희망합니다.

2017년

한국어 해독해 연구개발팀 일동

한국어 해독해 ④ 해독과 읽기 유창성 워크북

차 례

• 머리말 / 3

제1부 음절/음소 놀이와 통글자 읽기

제1장 음운인식 · 11

제2장 통글자 · 25

제2부 낱글자와 말소리 연결하여 읽기

제3장 낱글자와 말소리 연결하기 · 47

제4장 낱글자 합하여 읽기 · 65

제3부 음절 글자/낱글자와 받침 읽기

제5장 음절글자 · 89

제6장 낱글자 · 107

제4부 음운 규칙과 문법형태소 활용하여 읽기

제7장 음운 규칙 · 129

제1부

음절/음소 놀이와 통글자 읽기

제1장

음운인식

음절 수 세기

워크북
1-1-1

활용방법

- 다음의 동물카드 그림을 봅시다(소, 말, 사자, 고래, 호랑이, 강아지).
- 보여 주는 동물은 1~3개의 소리(음절)로 구성되어 있습니다.
- 1, 2, 3개 중 몇 개의 소리(음절)인지 맞춰 봅시다.

끝 음절 확인하기

워크북
1-2-1

활용방법

- 같은 소리(음절)로 끝나는 낱말 카드를 봅시다(수박, 고구마, 의자, 호박, 하마, 사자, 오리, 개미, 장미, 배추, 고추, 개구리).
- 낱말의 끝소리(음절)를 강조하여 소리 내어 보고, 끝소리(음절)가 같은 낱말을 찾아봅시다.
- 끝소리(음절)가 같은 낱말끼리 연결해 봅시다.

22
Copyright © Hakjisa Publisher. All rights reserved.

73
Copyright © Hakjisa Publisher. All rights reserved.

81
Copyright © Hakjisa Publisher. All rights reserved.

32
Copyright © Hakjisa Publisher. All rights reserved.

71
Copyright © Hakjisa Publisher. All rights reserved.

56
Copyright © Hakjisa Publisher. All rights reserved.

첫 음절 확인하기

워크북
1-2-2

활용방법

- 같은 소리(음절)로 시작하는 낱말 카드를 봅시다(가방, 하늘, 나비, 가위, 하마, 나무, 모자, 바다, 바지, 토마토, 토끼, 모기).
- 낱말의 첫 소리(음절)를 강조하여 소리 내어 보고 첫 소리(음절)가 같은 낱말을 찾아봅시다.
- 첫 소리(음절)가 같은 낱말끼리 연결해 봅시다.

5-1
Copyright © Hakjisa Publisher. All rights reserved.

6-2
Copyright © Hakjisa Publisher. All rights reserved.

6-1
Copyright © Hakjisa Publisher. All rights reserved.

11-2
Copyright © Hakjisa Publisher. All rights reserved.

11-1
Copyright © Hakjisa Publisher. All rights reserved.

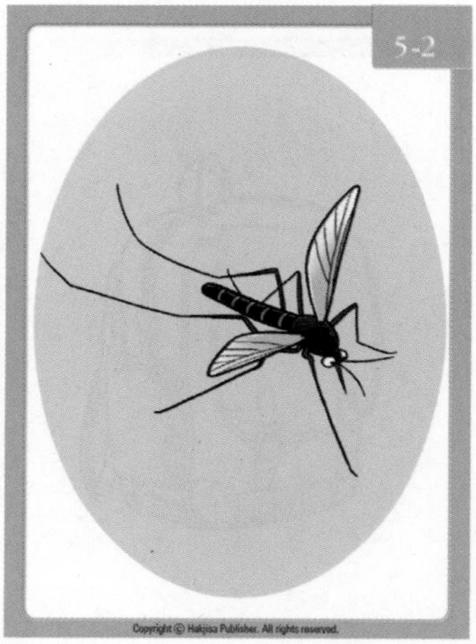
5-2
Copyright © Hakjisa Publisher. All rights reserved.

음절 합성하기

워크북
1-3-1

활용방법

- 반으로 잘라진 그림카드를 봅시다(포도, 사과, 나팔, 딸기, 코끼리, 고양이).
- 반으로 자른 그림을 합치며 하나의 낱말을 만들어 봅시다.
  (예: "'포'와 '도'를 더하면 '포도'가 되네.")
- 그림카드를 통해 연습하고, 그림 없이 말소리로만 사용하여 낱말을 만들어 봅시다.

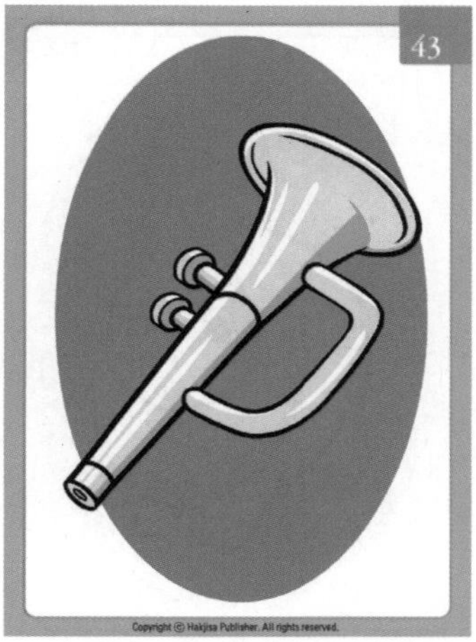

낱말의 음절 분절하기

워크북
1-4-1

활용방법

- 다음의 그림카드를 봅시다(토끼, 고래, 거미, 개구리, 두더지, 고슴도치).
- 그림을 보고 낱말이 무슨 소리로 되어 있는지 생각해 봅시다(예: "거미는 '거'와 '미' 소리로 되어 있네.")
- 그림카드 통해 연습하고, 그림 없이 말소리만 사용하여 낱말이 무슨 소리로 되어 있는지 생각해 봅시다.

음절의 첫 음소 확인하기

워크북
1–5–1

활용방법

- 같은 소리로 시작하는 낱말 카드를 봅시다(사과, 시계, 치마, 창문, 커피, 키위, 토마토, 트럭, 개미, 비행기, 모자, 고래, 바나나, 무지개).
- 낱말의 첫 소리(음소)를 강조하여 소리 내어 보고, 첫 소리(음소)가 같은 낱말을 찾아봅시다.
- 첫 소리(음소)가 같은 낱말끼리 연결해 봅시다.

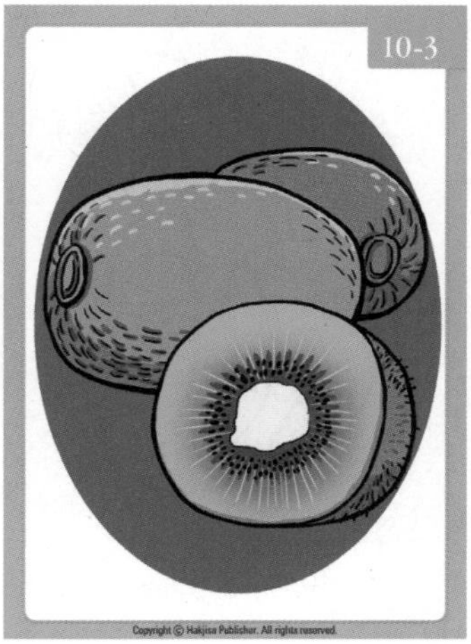

11-2
Copyright © Hakjisa Publisher. All rights reserved.

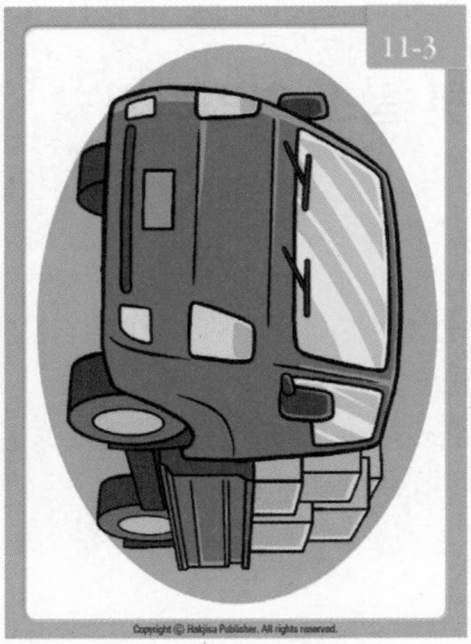
11-3
Copyright © Hakjisa Publisher. All rights reserved.

73
Copyright © Hakjisa Publisher. All rights reserved.

75
Copyright © Hakjisa Publisher. All rights reserved.

11
Copyright © Hakjisa Publisher. All rights reserved.

2
Copyright © Hakjisa Publisher. All rights reserved.

12
Copyright © Hakjisa Publisher. All rights reserved.

95
Copyright © Hakjisa Publisher. All rights reserved.

음절의 끝 음소 확인하기

워크북
1-5-2

활용방법

- 끝소리가 같은 낱말카드를 봅시다(콩, 물, 발, 빵, 밤, 산, 돈, 햄, 밥, 목, 떡, 컵, 나팔, 수건, 리본, 연필).
- 낱말의 끝소리(음소)를 강조하여 소리 내어 보고, 끝소리(음소)가 같은 낱말을 찾아봅시다.
- 끝소리(음소)가 같은 낱말끼리 연결해 봅시다.

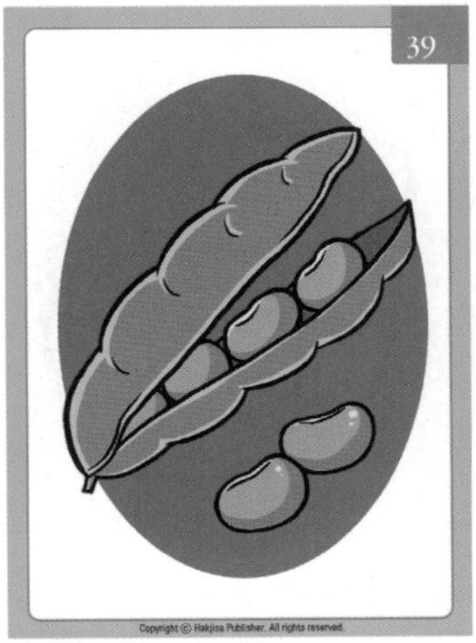

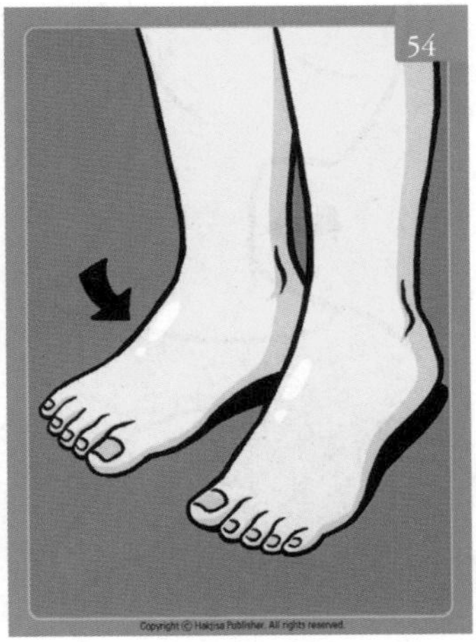

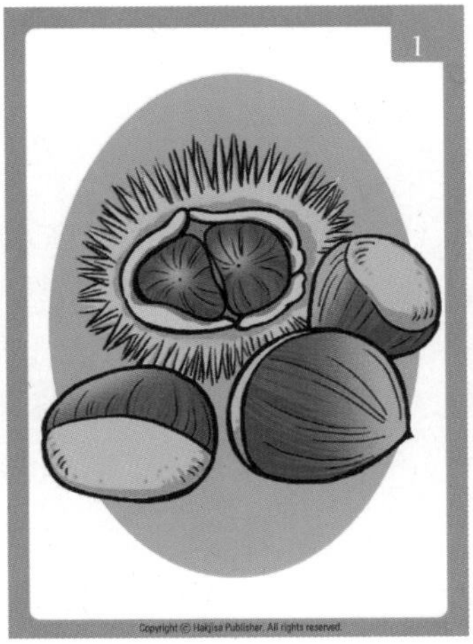

19
10000
만원
100
500
Copyright ⓒ Hakjisa Publisher. All rights reserved.

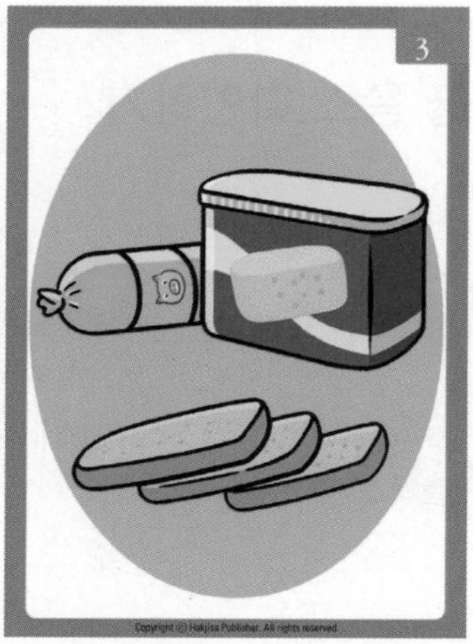
3
Copyright ⓒ Hakjisa Publisher. All rights reserved.

69
Copyright ⓒ Hakjisa Publisher. All rights reserved.

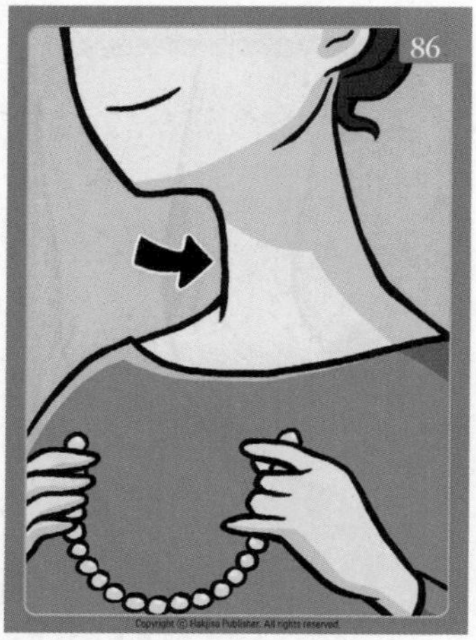
86
Copyright ⓒ Hakjisa Publisher. All rights reserved.

85
Copyright ⓒ Hakjisa Publisher. All rights reserved.

70
Copyright ⓒ Hakjisa Publisher. All rights reserved.

59
Copyright ⓒ Hakjisa Publisher. All rights reserved.

24
Copyright ⓒ Hakjisa Publisher. All rights reserved.

47

61
Copyright ⓒ Hakjisa Publisher. All rights reserved.

제2장

통글자

통글자로 읽기-마트 진열대

워크북
1-10-1

활용방법

- 마트를 꾸며 봅시다.
- 마트 진열대에 상품이름을 붙여 봅시다.
- 마트에 어떤 물건이 있는지 글자카드를 보고 읽어 봅시다.
- 내가 꾸민 마트에 어떤 물건을 파는지 '(　　) 있어' 카드에 낱말카드를 넣어 완성하고 읽어 봅시다.

※ 자세한 지침은 지침서를 참고해 주세요.

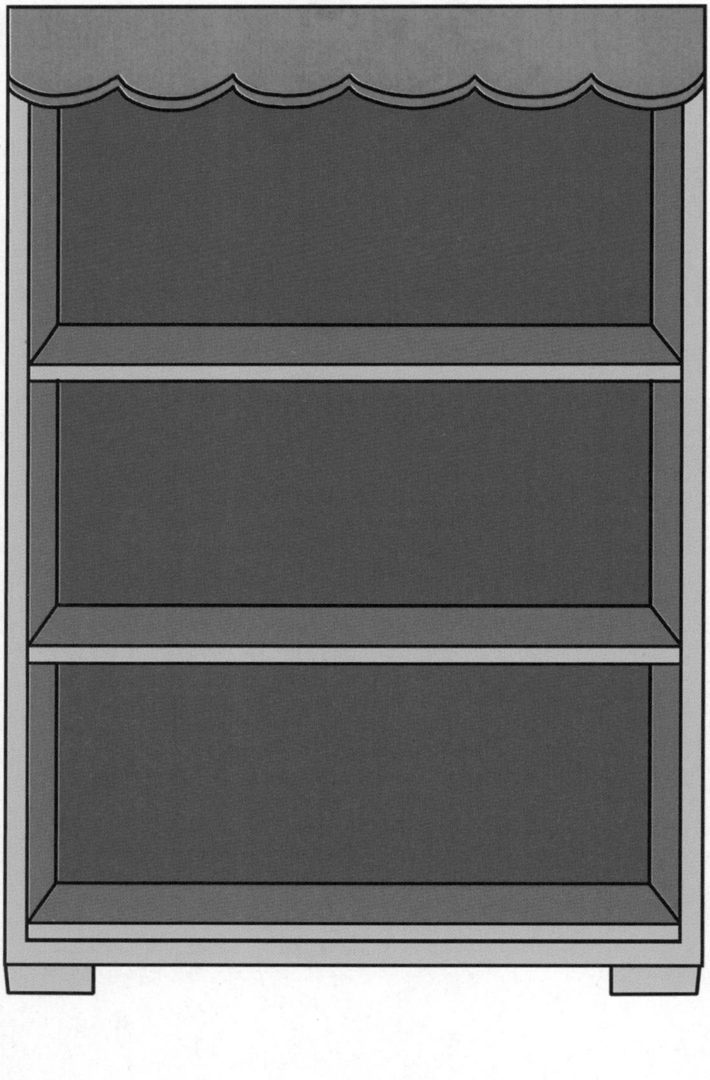

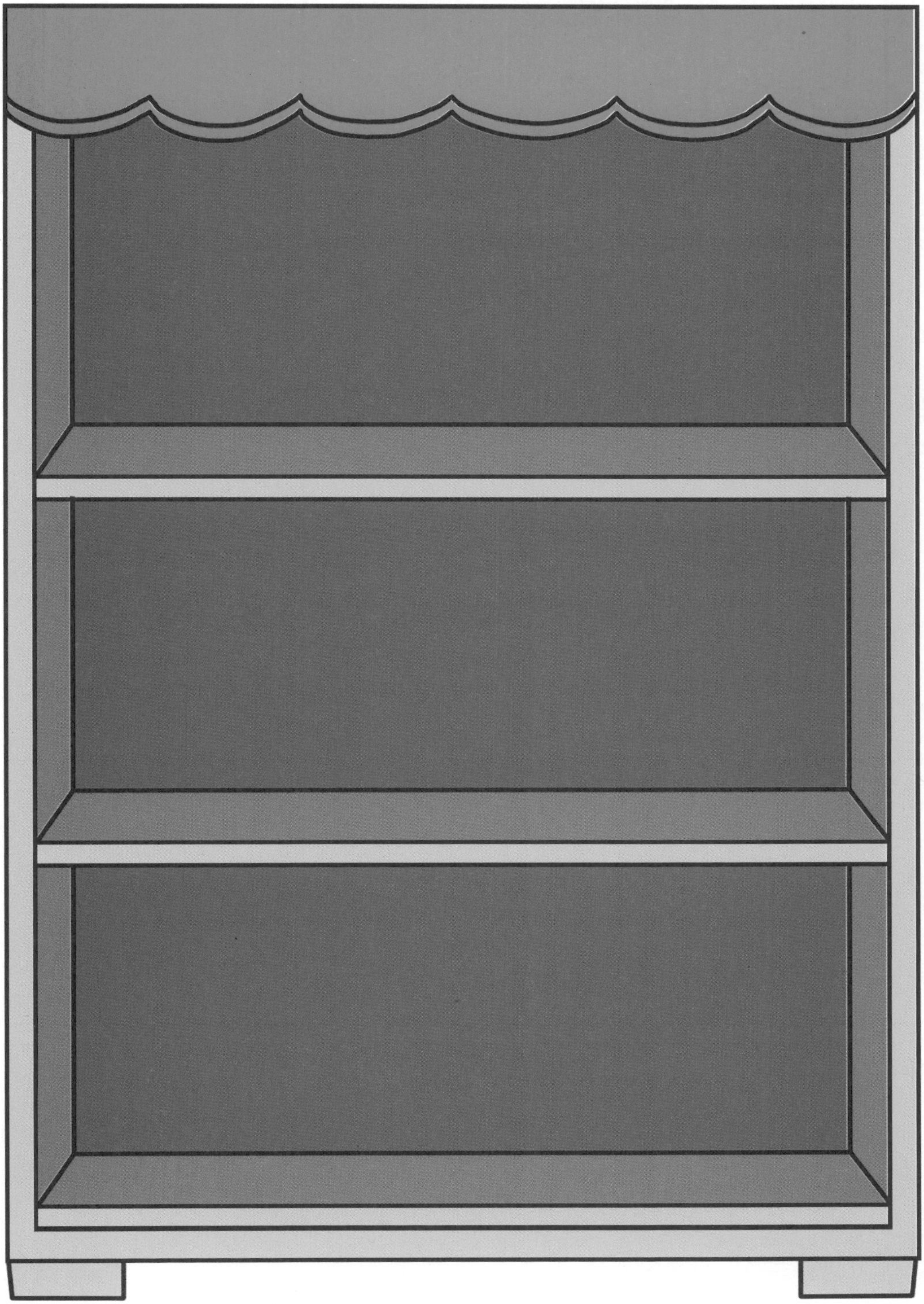

오렌지		

( ) 있어.

통글자로 읽기–마트 진열대

워크북
1–11–1

활용방법

- 마트를 꾸며 봅시다.
- 마트 진열대에 상품이름을 붙여 봅시다.
- 마트에 어떤 물건이 있는지 글자카드를 보고 읽어 봅시다.
- 내가 꾸민 마트에 어떤 물건을 파는지 '(   ) 있어' 카드에 낱말카드를 넣어 완성하고 읽어 봅시다.

※ 자세한 지침은 지침서를 참고해 주세요.

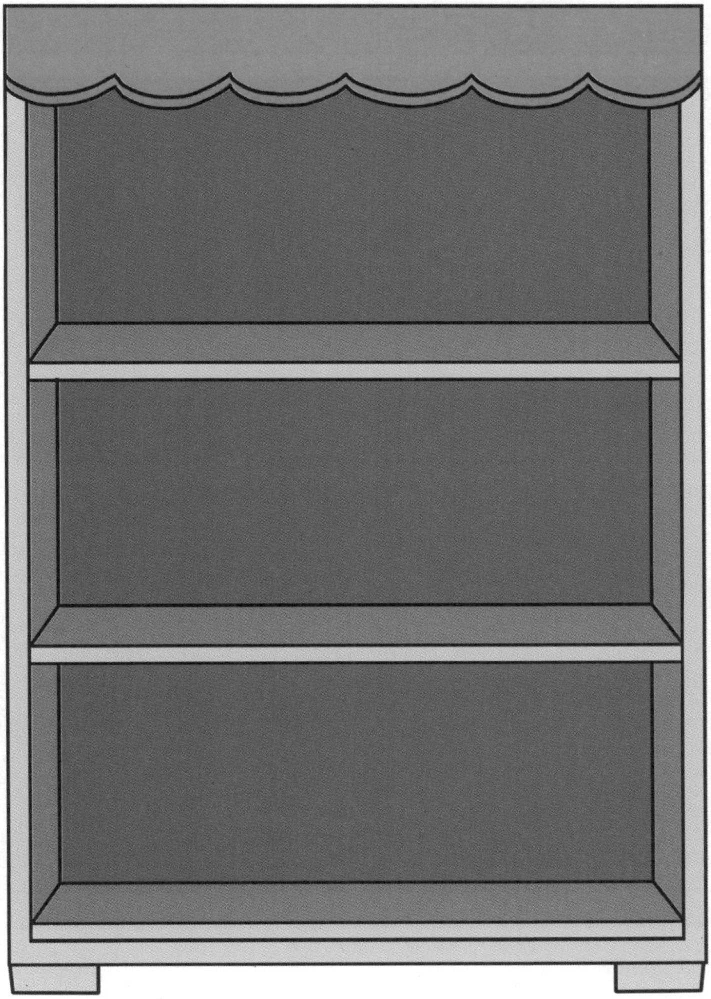

오렌지		

( ) 있어.

통글자로 읽기– 동물원

워크북
1–11–2

활용방법

- 동물원을 꾸며 봅시다.
- 우리에 동물을 넣고 동물 이름 글자카드를 붙여 봅시다.
- 어떤 동물인지 글자카드를 읽어 봅시다.
- 내가 꾸민 동물원에 어떤 동물들이 있는지 '(　　) 있어' 카드에 낱말카드를 넣어 완성하고 읽어 봅시다.

※ 자세한 지침은 지침서를 참고해 주세요.

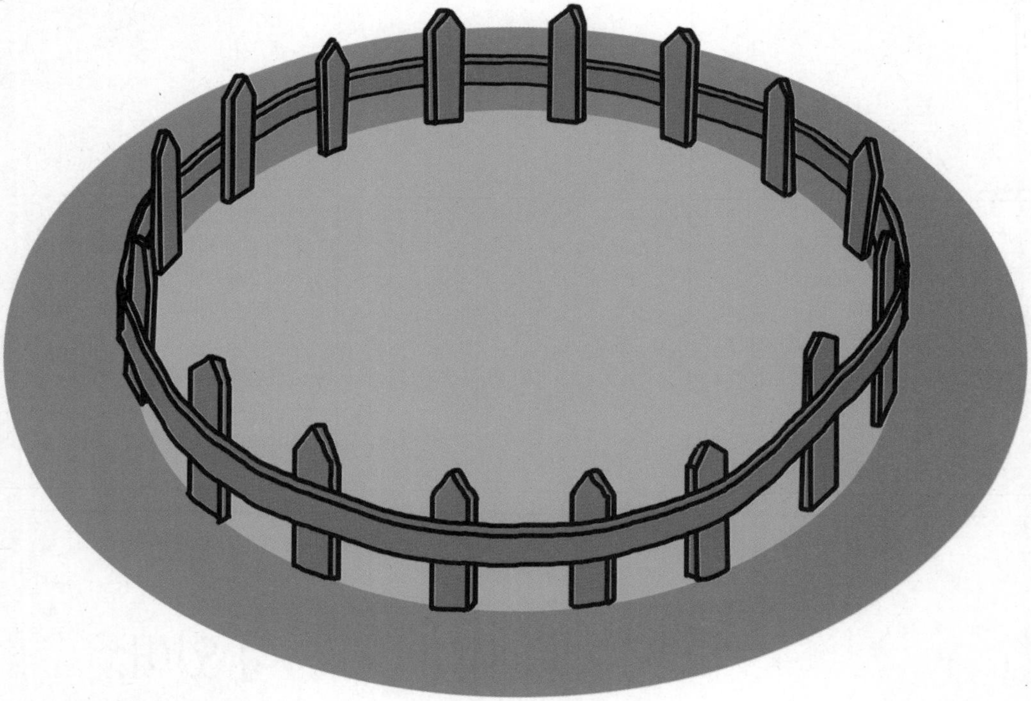

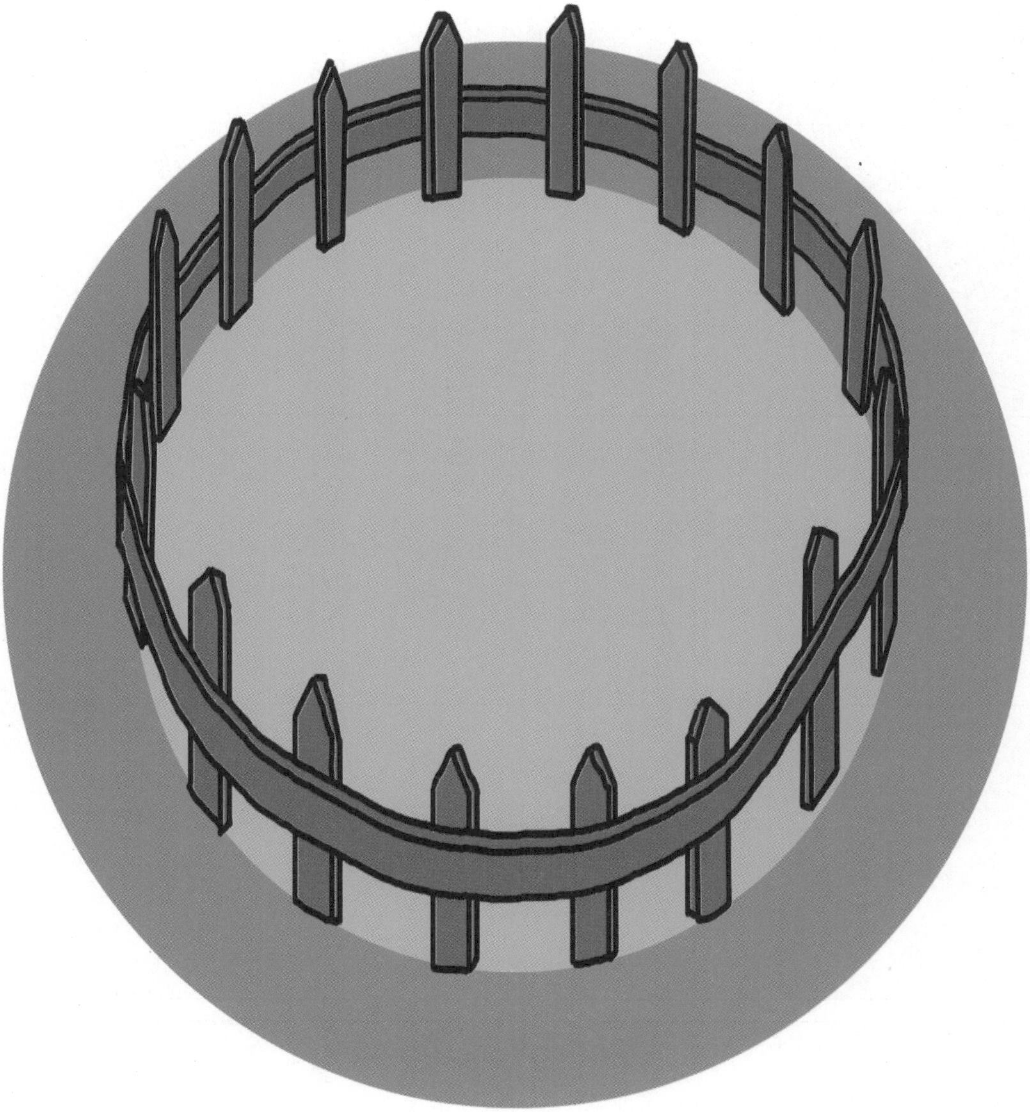

사자		

( ) 있어.

학습한 낱말 통글자로 읽기 활동지

워크북
1-12-1

활용방법

- '곰, 토끼, 호랑이, 코끼리' 색깔에 맞게 칸을 색칠해 봅시다.
- 색칠한 것을 읽어 봅시다.
- 다른 동물이름을 쓰고 색칠해 봅시다.

※ 자세한 지침은 지침서를 참고해 주세요.

곰 토끼 호랑이 코끼리

곰	토끼	호랑이	곰
코끼리	곰	토끼	토끼
호랑이	곰	코끼리	토끼
곰	토끼	호랑이	호랑이
코끼리	코끼리	곰	토끼

곰	토끼	호랑이	코끼리

학습한 낱말 통글자로 읽기 두루마리 휴지

워크북
1-12-2

활용방법

- 두루마리 휴지를 풀며 글자를 읽어 봅시다.
- 빈칸 두루마리 휴지에 다른 낱말을 쓰거나 붙여 읽어 봅시다.

※ 자세한 지침은 지침서를 참고해 주세요.

곰	토끼	토끼
코끼리	곰	곰
곰	코끼리	호랑이
곰	호랑이	코끼리
호랑이	토끼	호랑이

학습한 낱말 통글자로 읽기 활동지

워크북
1-12-3

활용방법

- 어떤 글자를 배웠는지 다시 한 번 읽어 봅시다.
- 낱말을 순서대로 읽어 봅시다.
- 빈칸에 다른 낱말을 쓰거나 붙이고 읽어 봅시다.

※ 자세한 지침은 지침서를 참고해 주세요.

곰	토끼
호랑이	코끼리

곰	토끼	호랑이	곰
코끼리	곰	토끼	토끼
호랑이	곰	코끼리	토끼
곰	토끼	호랑이	호랑이
코끼리	코끼리	곰	토끼

학습한 낱말 쌓아 통글자로 읽기

워크북
1-12-4

활용방법

- 글자카드를 읽어 봅시다.
- 빵, 아이스크림, 만두를 쌓아 봅시다. 그리고 글자를 읽고 붙여 봅시다.
- 쌓아 놓은 빵, 아이스크림, 만두의 글자를 순서대로 읽어 봅시다.

※ 자세한 지침은 지침서를 참고해 주세요.

아이스크림	만두	빵
딸기	딸기	딸기
포도	포도	포도
토마토	토마토	토마토
바나나	바나나	바나나
고추	고추	고추
사과	사과	사과
오렌지	오렌지	오렌지

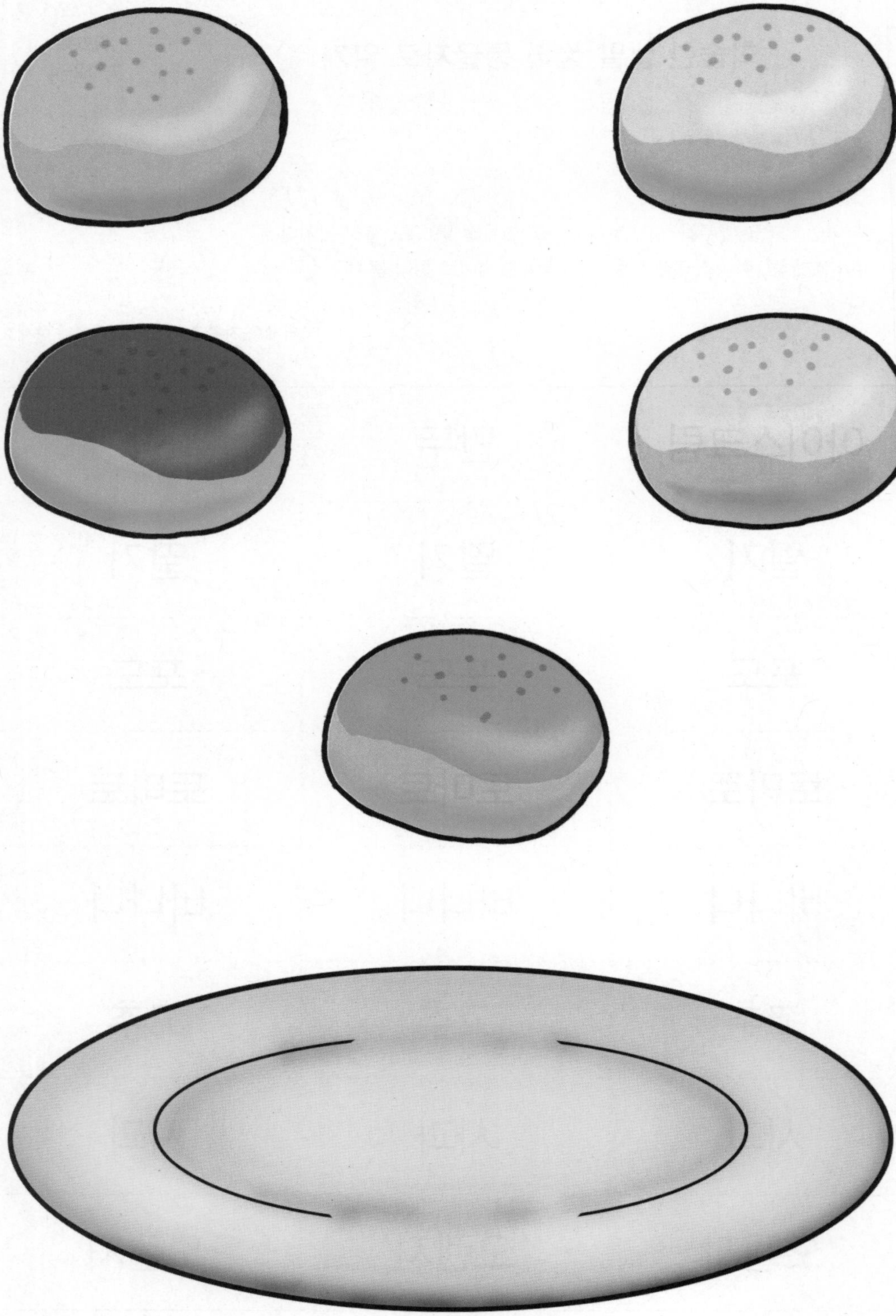

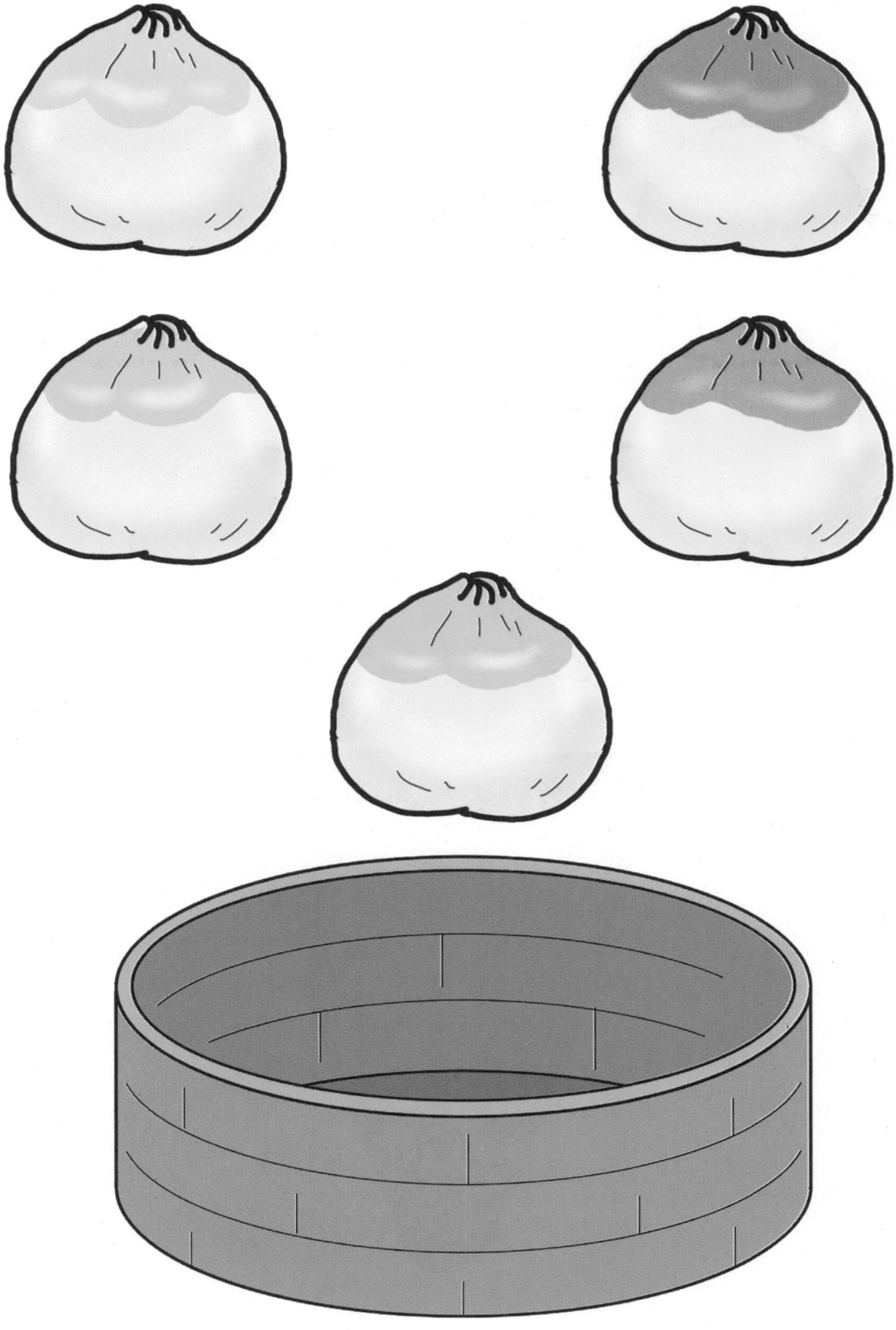

제2부

낱글자와 말소리 연결하여 읽기

한국어 해독해 ④ 해독과 읽기 유창성 워크북

제3장

낱글자와 말소리 연결하기

낱글자 카드 읽기– 초성

워크북
2–1–1

활용방법

- 다음 낱글자의 초성 말소리를 알아봅시다.
- 낱글자에 해당하는 초성 말소리를 들어 봅시다.
- 낱글자와 초성 말소리를 연결하여 말해 봅시다.

ㄱ	ㄴ	ㄷ
ㄹ	ㅁ	ㅂ
ㅅ	ㅈ	ㅊ

ㅋ	ㅌ	ㅍ
ㅎ	ㄲ	ㄸ
ㅃ	ㅆ	ㅉ

낱글자 카드 읽기– 종성

워크북
2-4-1

활용방법

- 다음 낱글자의 종성 말소리를 알아봅시다.
- 낱글자에 해당하는 종성 말소리를 들어 봅시다.
- 낱글자와 종성 말소리를 연결하여 말해 봅시다.

ㅁ	ㄴ	ㅇ
ㄹ	ㄱ	ㅂ
ㄷ		

낱글자 카드 읽기– 모음

워크북
2–3–1

활용방법

- 다음 낱글자의 모음 말소리를 알아봅시다.
- 낱글자에 해당하는 모음 말소리를 들어 봅시다.
- 낱글자와 모음 말소리를 연결하여 말해 봅시다.

ㅏ	ㅓ	ㅗ
ㅜ	ㅡ	ㅣ
ㅑ	ㅕ	ㅛ

ㅠ	ㅔ	ㅐ
ㅖ	ㅒ	ㅘ
ㅙ	ㅚ	ㅝ
ㅞ	ㅟ	ㅢ

똑같은 글자를 찾고 글자의 소리 말하기 (ㄱ, ㄴ, ㄷ, ㄹ)

워크북 2-1-2

활용방법

- 각 낱글자와 말소리를 확인합시다.
- 똑같은 낱글자를 찾아서 줄로 연결합시다.
- 찾은 낱글자의 말소리를 말해 봅시다.

이름: ______________________	날짜: ______________________

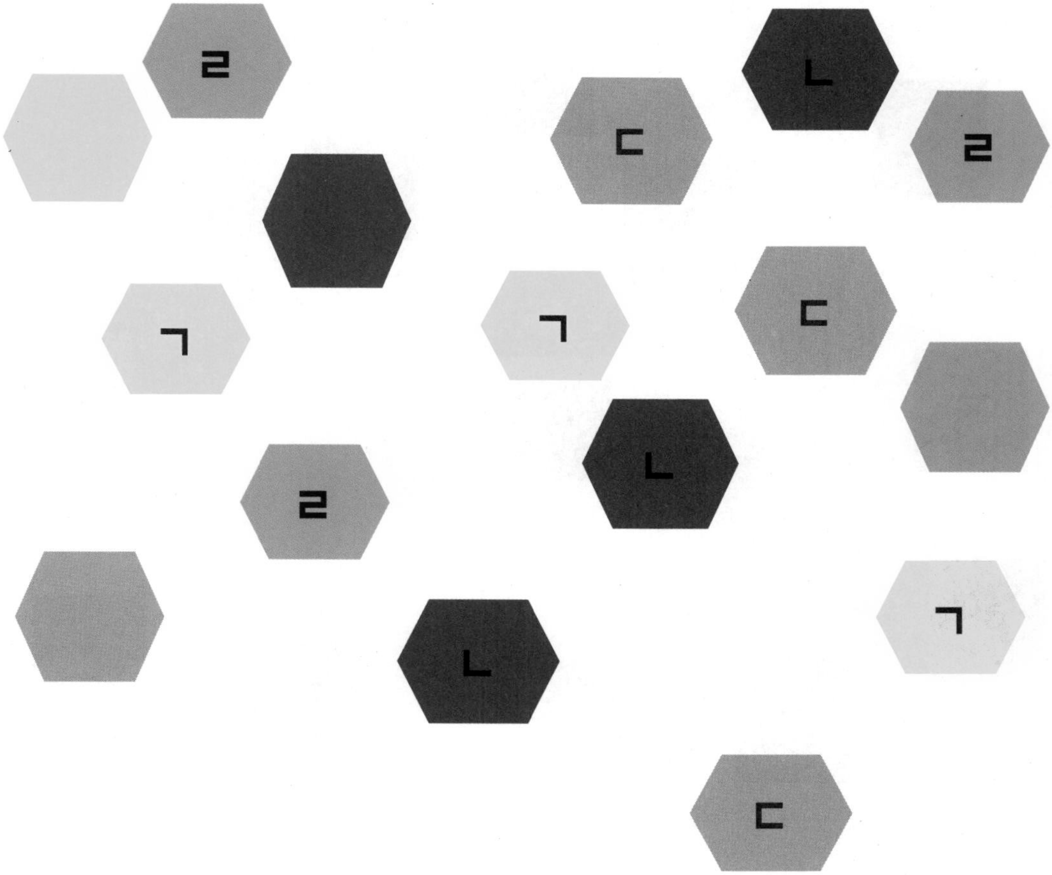

똑같은 글자를 찾고 글자의 소리 말하기 (ㅁ, ㅂ, ㅅ, ㅈ, ㅎ)

워크북
2-1-3

이름: ____________	날짜: ____________

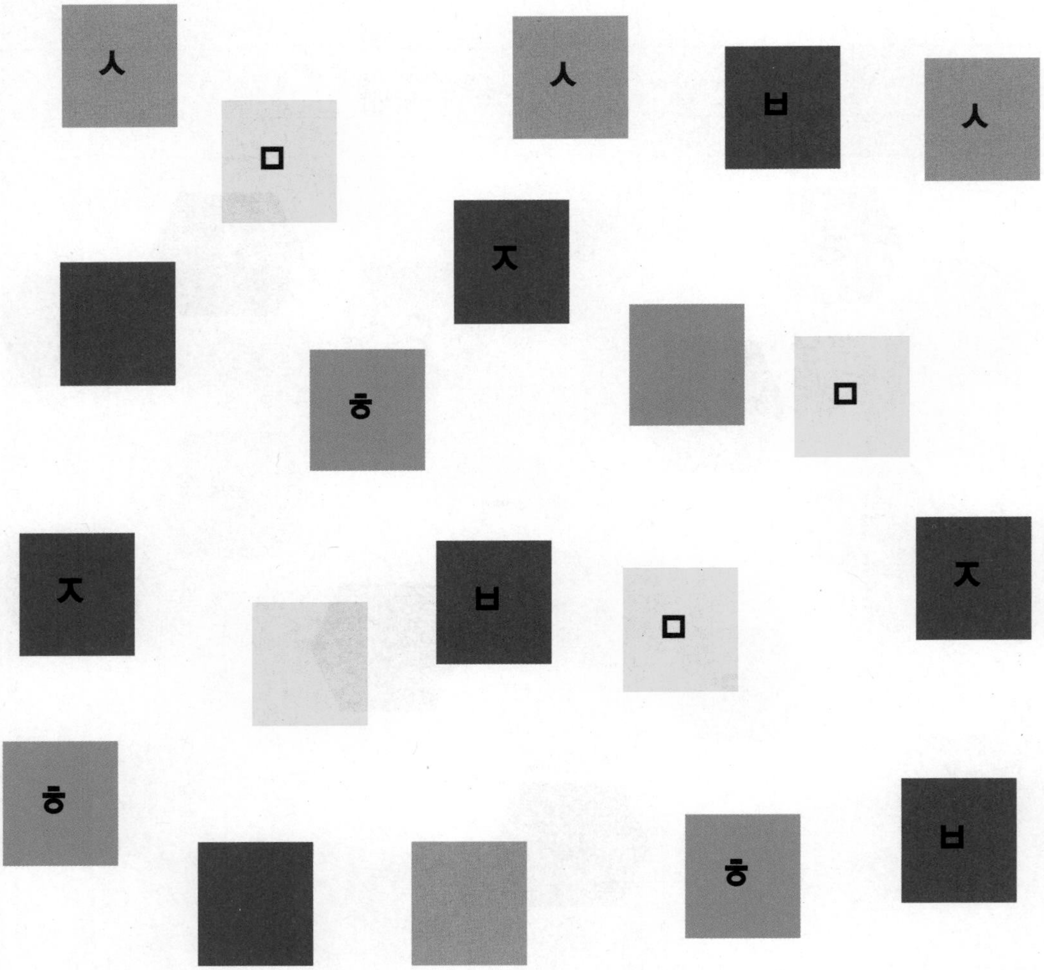

동시를 보고 'ㄱ'을 찾아 동그라미 그리기

워크북
2-1-4

활용방법

- 문장 안에 있는 낱글자를 찾아봅시다.
- 무슨 글자를 찾아야 되는지 확인합시다.
- 동시 안에서 'ㄱ'을 찾아 동그라미를 해 봅시다.
- 찾은 'ㄱ'을 확인하고 초성 말소리를 말해 봅시다.

이름: ____________________　　　　날짜: ____________________

ㄱ

게가 간다. 게는 옆으로 간다.

앞으로 가라. 그래도 옆으로 간다.

게가 간다. 집게를 들고 간다.

무거울까? 그래도 집게를 들고 간다.

게는 옆으로 간다.

게는 집게를 들고 간다.

동시를 보고 'ㅂ'을 찾아 동그라미 그리기

워크북
2-2-3

활용방법

- 문장 안에 있는 낱글자를 찾아봅시다.
- 무슨 글자를 찾아야 되는지 확인합시다.
- 동시 안에서 'ㅂ'을 찾아 동그라미를 해 봅시다.
- 찾은 'ㅂ'을 확인하고 초성 말소리를 말해 봅시다.

이름: ____________________ 날짜: ____________________

ㅂ

배는 바다를 난다.

파란 바다가 하늘같아

배는 바다를 난다.

파란 바다가 하늘같아

바다가 하늘인 줄 알고

배는 바다를 난다.

동시를 보고 'ㅅ'을 찾아 동그라미 그리기

워크북
2-2-4

활용방법

- 문장 안에 있는 낱글자를 찾아봅시다.
- 무슨 글자를 찾아야 되는지 확인합시다.
- 동시 안에서 'ㅅ'을 찾아 동그라미를 해 봅시다.
- 찾은 'ㅅ'을 확인하고 초성 말소리를 말해 봅시다.

이름: ______________________ 날짜: ______________________

ㅅ

새가 산으로 간다

새가 섬으로 간다.

새가 숲으로 간다.

새가 바다를 건너 멀리 간다.

산으로, 섬으로, 숲으로 멀리 간다.

새가 멀리멀리 간다.

날개를 펴서 멀리 멀리 간다.

같은 낱글자를 찾아 줄긋기

워크북
2-2-5

활용방법

- 낱말의 초성에 사용되는 낱글자를 찾아봅시다.
- 제일 앞에 있는 낱글자의 말소리를 차례대로 말해 봅시다.
- 낱글자가 포함된 낱말을 찾아서 줄을 그어 봅시다.
- 연결한 낱글자의 말소리를 말해 봅시다.

이름: ______________________　　　　날짜: ______________________

ㅋ ●　　　● 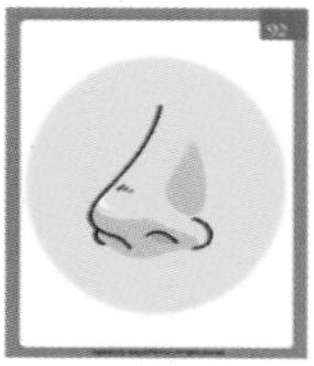
코　　　● 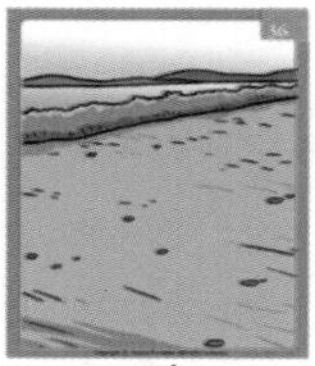
땅

ㅌ ●　　　● 
파　　　● 
포도

ㅍ ●　　　● 
떡　　　● 
치마

ㄲ ●　　　● 
빵　　　● 
칼

ㄸ ●　　　● 
꽃　　　● 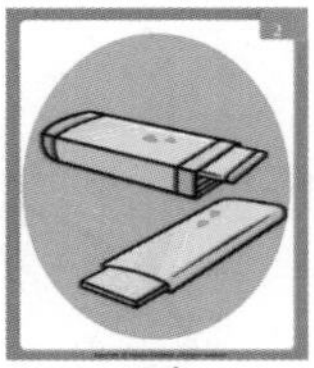
껌

ㅃ ●　　　● 
톱　　　● 
빠르다

낱글자와 의미를 연결해서 기억하기– 모음

워크북
2–3–2

활용방법

- 모음 낱글자의 말소리를 알아봅시다.
- 그림에 무엇이 있는지 말해 봅시다.
- 그림 위에 있는 낱글자의 말소리를 들어 봅시다.
- 그림 위에 있는 낱글자를 말해 봅시다.
- 생각나지 않을 때에는 낱글자의 그림을 떠올려 보고 말소리를 말해 봅시다.

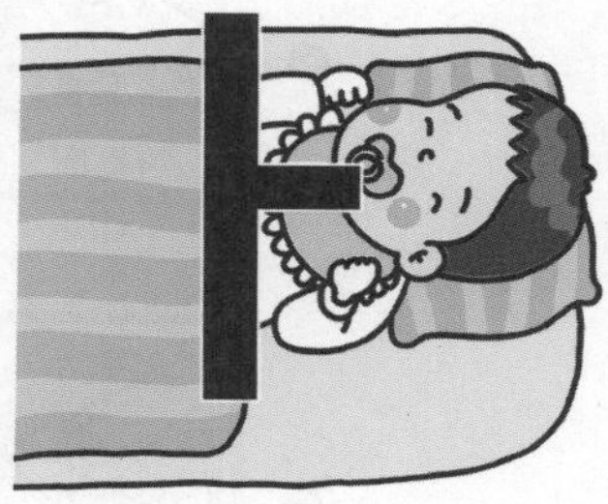

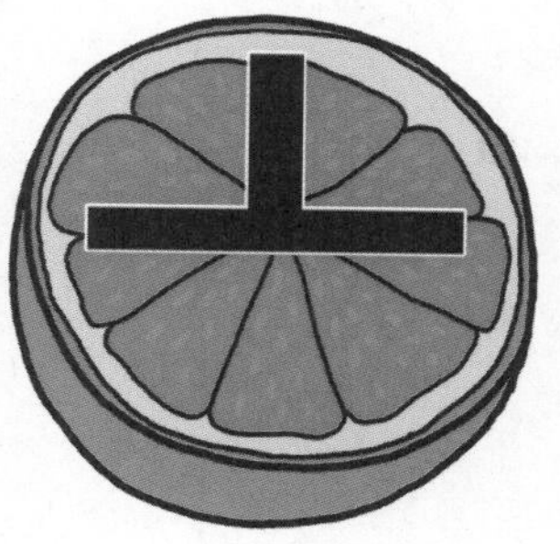

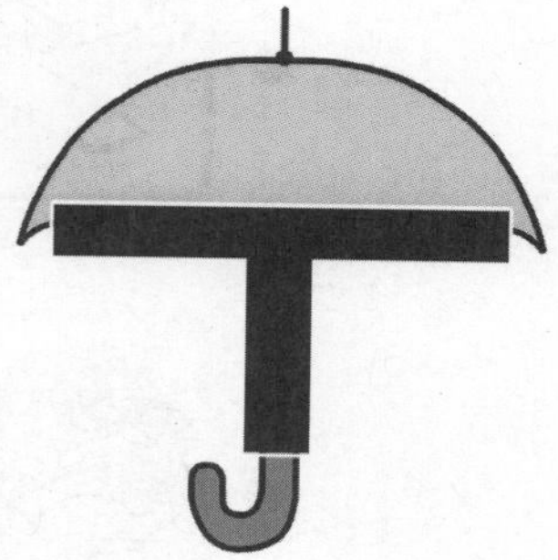

낱글자와 의미를 연결해서 기억하기– 종성

워크북
2–4–2

활용방법

• 종성자음 낱글자의 말소리를 알아봅시다.
• 그림에 무엇이 있는지 말해 봅시다.
• 그림 위에 있는 낱글자의 말소리를 들어 봅서다.
• 그림 위에 있는 낱글자를 말해 봅시다.
• 생각나지 않을 때에는 낱글자의 그림을 떠올려 보고 말소리를 말해 봅시다.

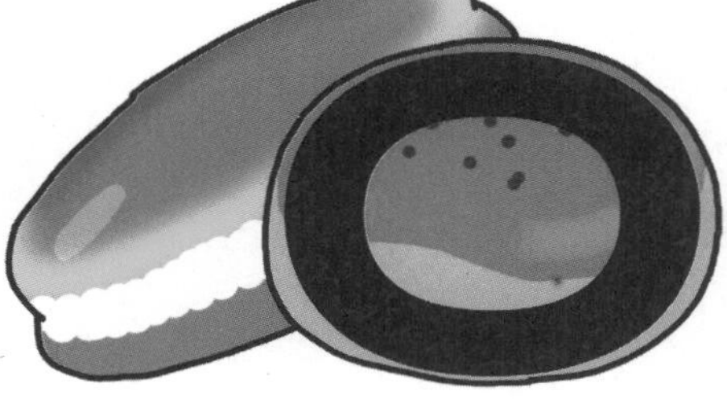

똑같은 글자를 찾아 연결하고 글자의 소리 말하기– 이중모음

워크북 2-3-4

활용방법

- 각 낱글자와 말소리를 확인합시다.
- 빈 칸에 같은 모음을 하나씩 써 봅시다.
- 똑같은 낱글자를 찾아서 줄로 연결합시다.
- 찾은 낱글자의 말소리를 말해 봅시다.

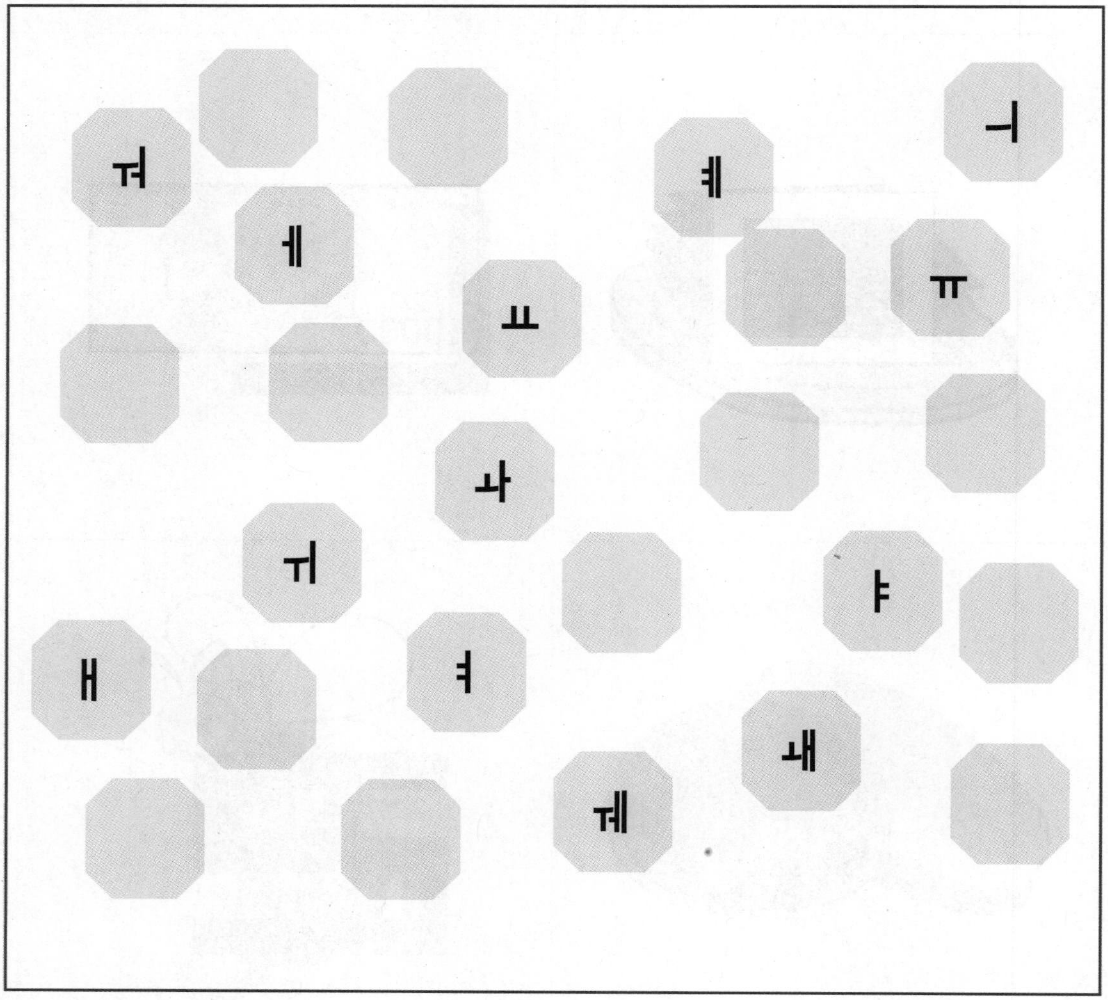

똑같은 글자를 찾아 줄긋기- 종성

워크북
2-5-2

활용방법

- 낱말의 종성에 사용되는 낱글자를 찾아봅시다.
- 제일 앞에 있는 종성 낱글자의 말소리를 차례대로 말해 봅시다.
- 낱글자가 포함된 낱말을 찾아서 줄을 그어 봅시다.
- 연결한 종성낱글자의 말소리를 말해 봅시다.

이름: ______________________ 날짜: ______________________

ㄱ ● ㄷ ● ● 
떡
● 
집

ㄷ ● ㅂ ● ● 
밥
● 
걷다

ㅂ ● ㄱ ● ● 
싣다
● 
국

ㄱ ● ㅂ ● ● 
입
● 
책

ㄷ ● ㄱ ● ● 
닫다
● 
듣다

ㅂ ● ㄷ ● ● 
목
● 
컵

한국어 해독해 ④ 해독과 읽기 유창성 워크북

제4장

낱글자 합하여 읽기

소리를 찾아 글자를 완성하고 읽기

워크북
2-8-1

활용방법

- 그림을 보고 해당하는 낱말을 말해 봅니다(바다, 자다, 파다, 까다, 가다, 짜다, 차다, 사다, 타다).
- 그림의 첫음소를 떠올려 봅시다.
- 아래 글자판을 보고 낱글자를 하나씩 말해봅시다.
- 빈 칸에 해당하는 낱글자를 써 봅시다.
- 완성된 낱말을 읽어 봅시다.
- 빈 종이에 완성된 글자를 쓰고 글자만 읽어 봅시다.

ㄱ	ㅂ	ㅅ	ㅈ
ㅊ	ㅌ	ㅍ	ㄲ
ㅉ			

이름: ______________________　　　　　　날짜: ______________________

□ㅏ다

□ㅏ다

□ㅏ다

□ㅏ다

□ㅏ다

□ㅏ다

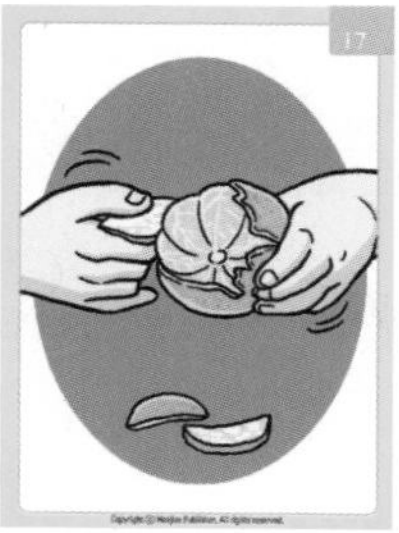

□ㅏ다

□ㅏ다

□ㅏ다

소리를 찾아 글자를 완성하고 읽기

워크북
2-8-2

활용방법

- 그림을 보고 해당하는 낱말을 말해 봅니다(푸다, 추다, 누다, 쏘다, 꾸다, 보다, 두다, 쪼다).
- 그림의 첫음소를 떠올려 봅시다.
- 아래 글자판을 보고 낱글자를 하나씩 말해봅시다.
- 빈 칸에 해당하는 낱글자를 써 봅시다.
- 완성된 낱말을 읽어 봅시다.
- 빈 종이에 완성된 글자를 쓰고 글자만 읽어 봅시다.

ㄴ	ㄷ	ㅂ	ㅊ
ㅍ	ㄲ	ㅆ	ㅉ

이름: ____________________　　　　날짜: ____________________

ㅜ다

ㅜ다

ㅜ다

ㅜ다

ㅜ다

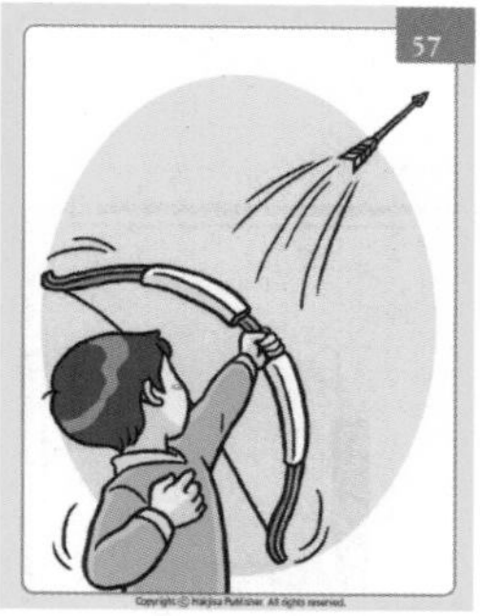

ㅗ다

ㅗ다

ㅗ다

소리를 찾아 글자를 완성하고 읽기

워크북
2-8-3

활용방법

- 그림을 보고 해당하는 낱말을 말해 봅니다(자르다, 따르다, 가르다, 모르다, 나르다, 고르다, 다르다, 조르다).
- 그림의 첫음소를 떠올려 봅시다.
- 아래 글자판을 보고 낱글자를 하나씩 말해봅시다.
- 빈 칸에 해당하는 낱글자를 써 봅시다.
- 완성된 낱말을 읽어 봅시다.
- 빈 종이에 완성된 글자를 쓰고 글자만 읽어 봅시다.

ㄱ	ㄴ	ㄷ	ㅁ
ㅈ	ㄸ		

이름: ______________________　　날짜: ______________________

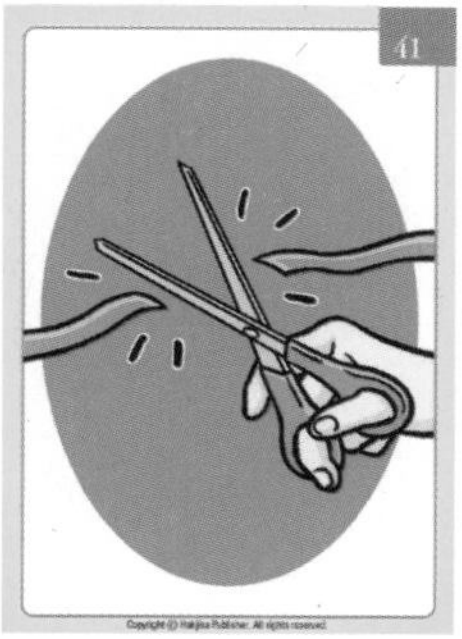

□ㅏ르다

□ㅏ르다

□ㅏ르다

□ㅗ르다

□ㅏ르다

□ㅗ르다

□ㅏ르다

□ㅗ르다

글자를 완성하고 읽기

워크북
2-8-4

활용방법

- 글자를 완성하여 읽어 봅시다.
- 주사위 그림을 잘라 주사위를 만들어 봅시다.
- 주사위를 굴려서 나온 초성 낱글자를 써 봅시다.
- 완성된 낱말을 읽어 봅시다.
- 비어있는 주사위 그림에 글자를 넣어서 위와 같은 순서대로 해 봅시다.

이름: ______________________ 날짜: ______________________

① ______ㅣ 다

② ______ㅣ 다

③ ______ㅣ 다

④ ______ㅣ 다

⑤ ______ㅣ 다

⑥ ______ㅣ 다

⑦ ______ㅣ 다

⑧ ______ㅣ 다

⑨ ______ㅣ 다

⑩ ______ㅣ 다

⑪ ______ㅣ 다

⑫ ______ㅣ 다

⑬ ______ㅣ 다

⑭ ______ㅣ 다

⑮ ______ㅣ 다

⑯ ______ㅣ 다

⑰ ______ㅣ 다

⑱ ______ㅣ 다

글자를 완성하고 읽기

워크북
2-8-5

활용방법

- 주사위 그림을 잘라 주사위를 만들어 봅시다.
- 아동이 뽑은 초성 낱글자를 워크북에 넣어봅시다.
- 아동이 완성한 낱말을 읽어보도록 합니다.

이름: ______________ 날짜: ______________

① ______ㅓ 다

② ______ㅓ 다

③ ______ㅓ 다

④ ______ㅓ 다

⑤ ______ㅓ 다

⑥ ______ㅓ 다

⑦ ______ㅓ 다

⑧ ______ㅓ 다

⑨ ______ㅓ 다

⑩ ______ㅓ 다

⑪ ______ㅓ 다

⑫ ______ㅓ 다

⑬ ______ㅓ 다

⑭ ______ㅓ 다

⑮ ______ㅓ 다

⑯ ______ㅓ 다

⑰ ______ㅓ 다

⑱ ______ㅓ 다

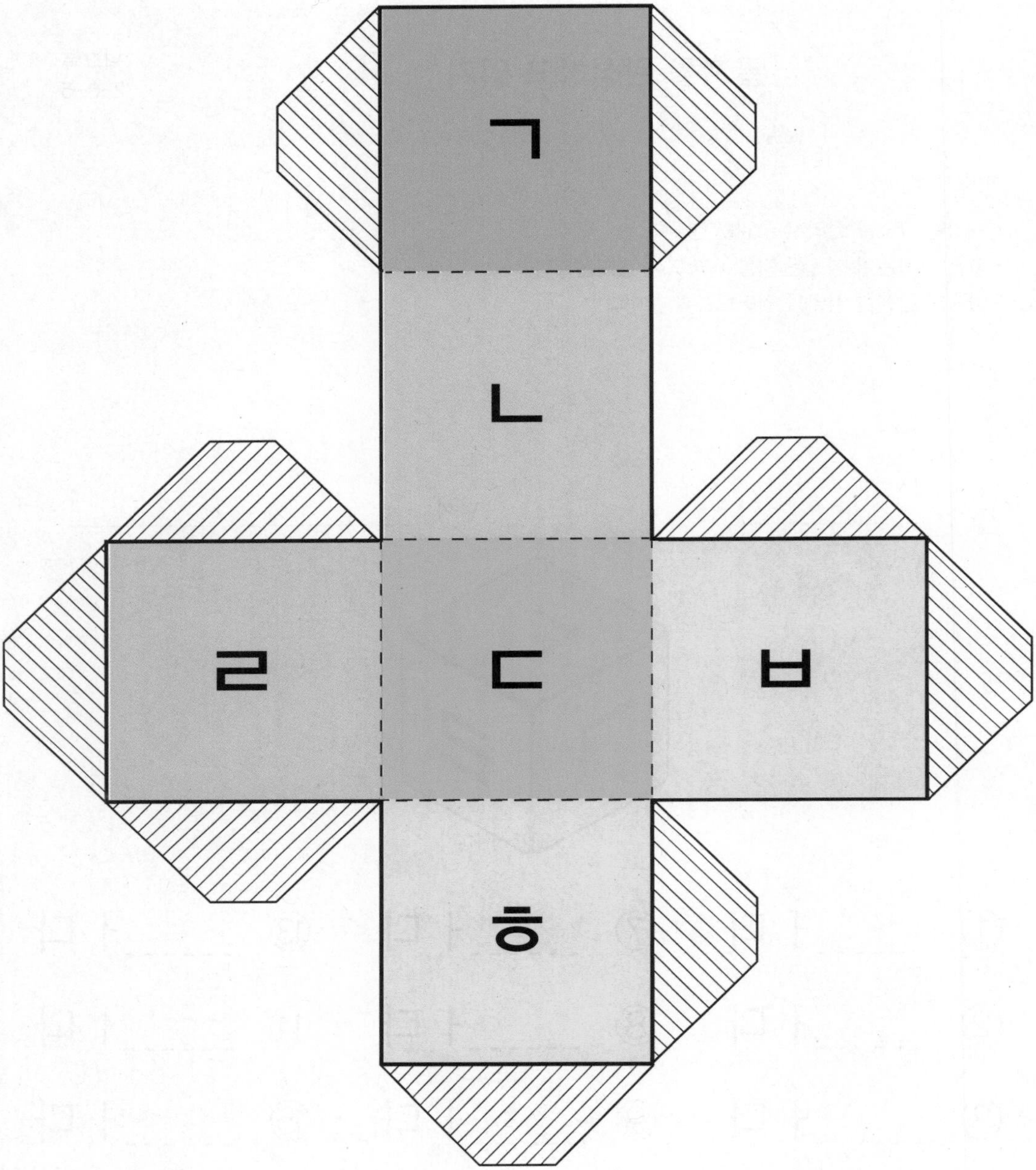
ㄱ
ㄴ
ㄹ
ㄷ
ㅂ
ㅎ

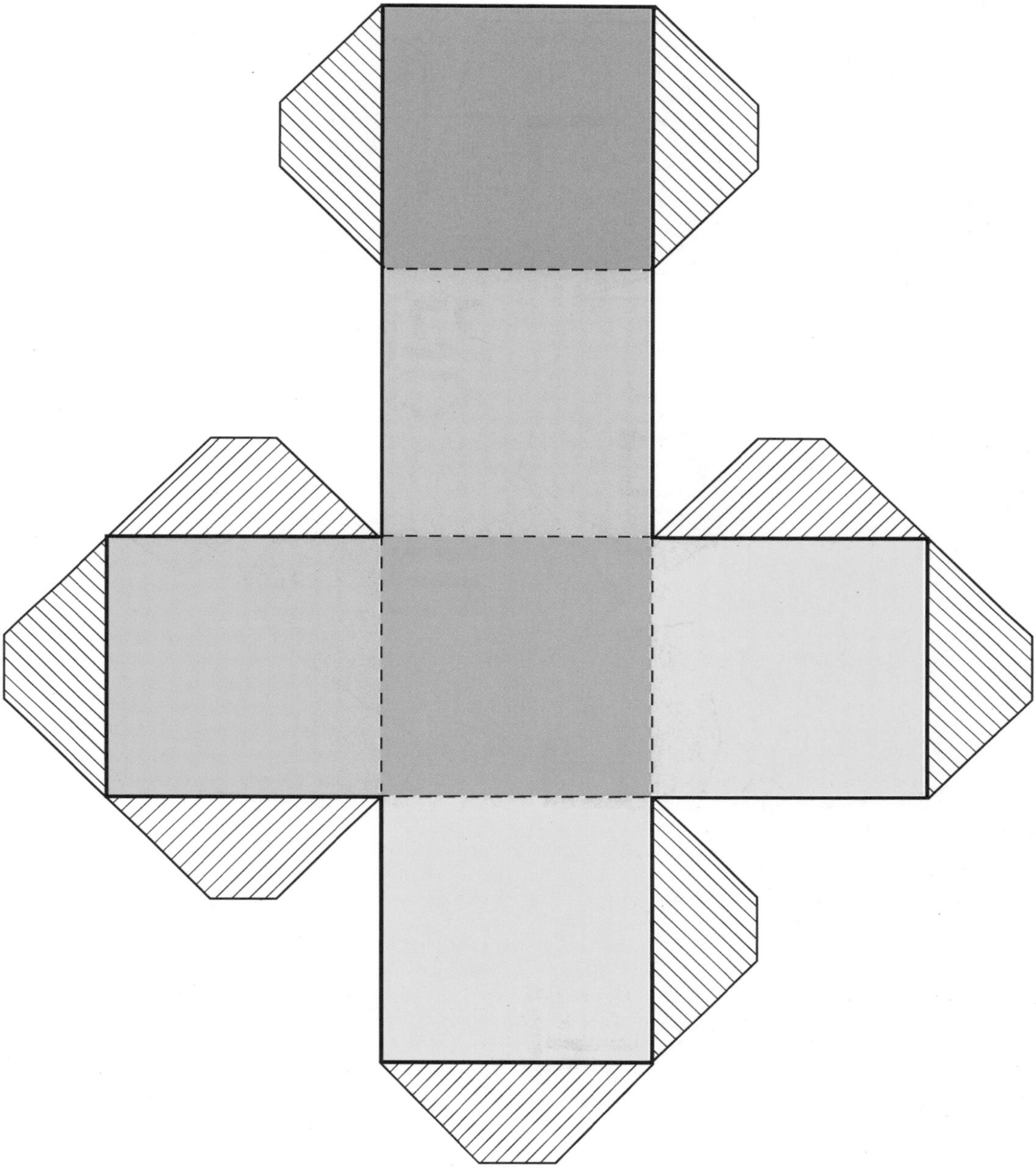

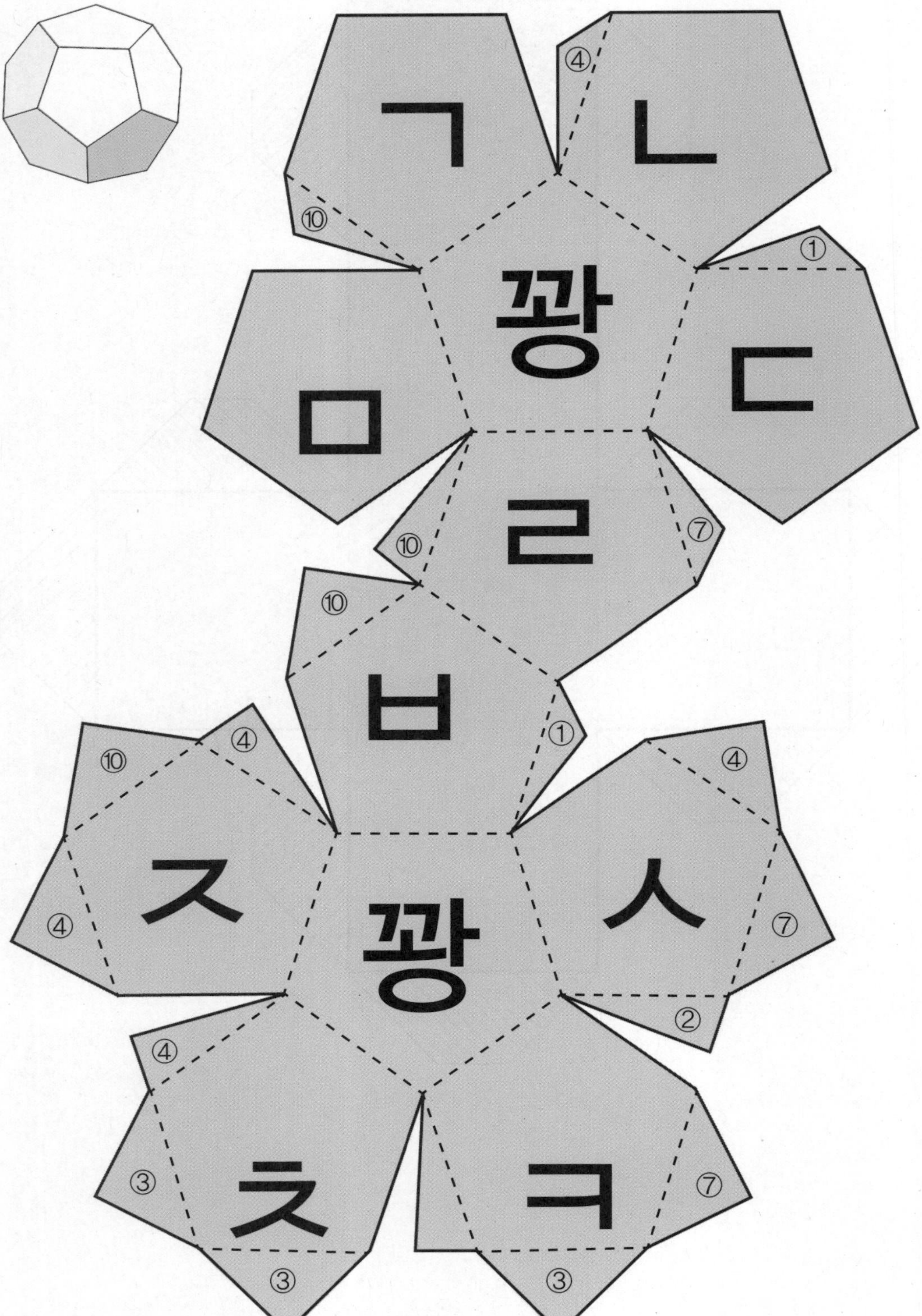
④
ㄱ
ㄴ
⑩
①
꽝
ㅁ
ㄷ
⑩
ㄹ
⑦
⑩
ㅂ
①
④
⑩
④
ㅈ
④
꽝
ㅅ
⑦
②
④
③
ㅊ
ㅋ
⑦
③
③

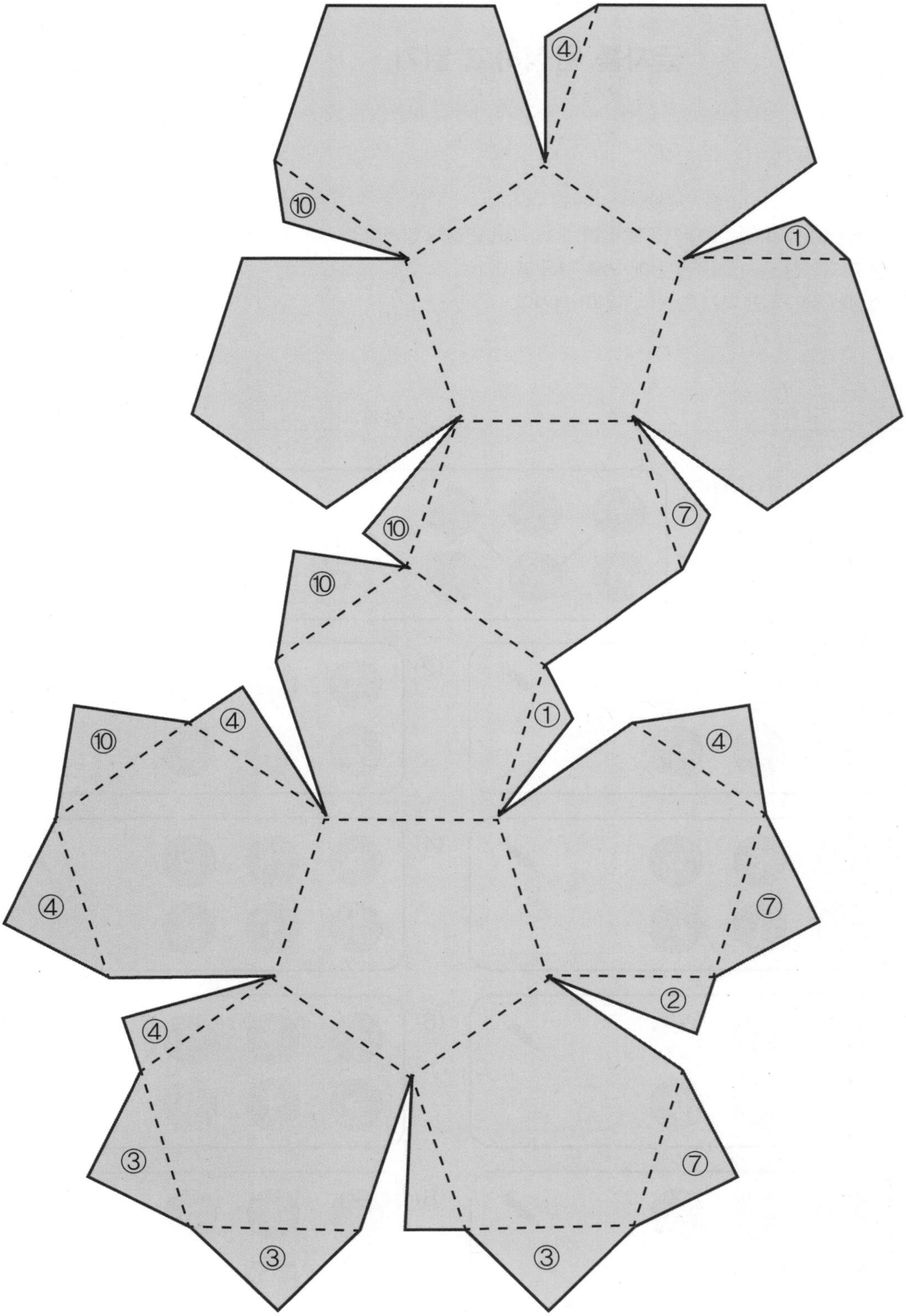
④
⑩
①
⑩
⑦
⑩
①
⑩
④
④
④
⑦
②
④
③
⑦
③
③

글자를 완성하고 읽기

워크북
2-10-1

활용방법

- 〈보기〉를 보고 글자를 연결해서 읽어 봅시다.
- 선생님이 들려주는 낱글자들을 찾아 줄을 그어 연결해 봅시다(돔, 참, 룸, 펌, 밈 점, 꿈, 샘).
- 줄로 그어진 글자들을 빈 칸에 쓰고 읽어 봅시다.
- 완성된 글자들만 다시 한 번 더 읽어 봅시다.

이름: ____________________　　　　　날짜: ____________________

〈보기〉

ㅂ	ㅜ	ㅁ	뱀
ㅋ	ㅐ	ㄴ	

①

ㄷ	ㅜ	ㅁ	
ㄱ	ㅗ	ㄴ	________

②

ㅊ	ㅏ	ㄹ	
ㄴ	ㅣ	ㅁ	________

③

ㄹ	ㅜ	ㅇ	
ㄴ	ㅣ	ㅁ	________

④

ㅍ	ㅕ	ㅁ	
ㄱ	ㅓ	ㄴ	________

⑤

ㅎ	ㅣ	ㅂ	
ㅁ	ㅓ	ㅁ	________

⑥

ㅈ	ㅓ	ㅁ	
ㅋ	ㅓ	ㄹ	________

⑦

ㄲ	ㅏ	ㅁ	
ㄴ	ㅜ	ㅇ	________

⑧

ㅅ	ㅓ	ㄱ	
ㅌ	ㅐ	ㅁ	________

글자를 완성하고 읽기

워크북
2-10-1

활용방법

- 〈보기〉를 보고 글자를 연결해서 읽어 봅시다.
- 선생님이 들려주는 낱글자들을 듣고 줄을 그어 연결해 봅시다(간, 면, 론, 변, 훈, 컨, 짠, 뿐).
- 줄로 그어진 글자들을 빈 칸에 쓰고 읽어 봅시다.
- 완성된 글자들만 다시 한 번 더 읽어 봅시다.

이름: ____________________ 날짜: ____________________

〈보기〉

ㅂ	ㅜ	ㅁ	
ㅋ	ㅐ	ㄴ	뱀

①

ㄱ	ㅐ	ㄴ
ㄷ	ㅏ	ㄷ

____

②

ㅂ	ㅕ	ㄴ
ㅁ	ㅗ	ㅁ

____

③

ㅅ	ㅜ	ㄴ
ㄹ	ㅗ	ㅇ

____

④

ㅂ	ㅓ	ㄴ
ㅁ	ㅕ	ㄱ

____

⑤

ㅍ	ㅏ	ㅁ
ㅎ	ㅜ	ㄴ

____

⑥

ㅋ	ㅣ	ㅁ
ㅍ	ㅓ	ㄴ

____

⑦

ㅉ	ㅏ	ㄴ
ㅈ	ㅐ	ㄹ

____

⑧

ㅍ	ㅜ	ㅇ
ㅃ	ㅓ	ㄴ

____

말소리를 듣고 글자를 만든 후 읽기

워크북
2-10-2

활용방법

- 〈보기〉를 보고 글자를 연결해서 읽어 봅시다.
- 선생님이 들려주는 낱글자들을 듣고 줄을 그어 연결해 봅시다(선생님은 무작위적으로 불러줍니다).
- 줄로 그어진 글자들을 빈 칸에 쓰고 읽어 봅시다.
- 완성된 글자들만 다시 한 번 더 읽어 봅시다.

이름: ____________________ 날짜: ____________________

〈보기〉

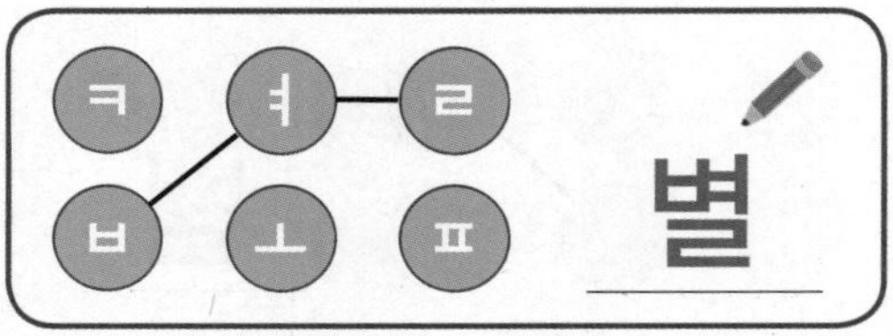

①

②

③

④

⑤

⑥

⑦

⑧

글자를 완성하고 읽기

워크북
2-12-1

활용방법

- 〈보기〉를 보고 글자를 연결해서 읽어 봅시다.
- 선생님이 들려주는 낱글자들을 듣고 줄을 그어 연결해 봅시다(골, 덜, 를, 질, 설, 콜, 텔, 깔).
- 줄로 그어진 글자들을 빈 칸에 쓰고 읽어 봅시다.
- 완성된 글자들만 다시 한 번 더 읽어 봅시다.

이름: ____________________ 날짜: ________________________

〈보기〉

ㄱ ㅕ ㄱ
ㅂ ㅗ ㄹ

별

① ㄱ ㅜ ㄹ
ㄴ ㅗ ㅇ
______

② ㅊ ㅣ ㄹ
ㄷ ㅓ ㄱ
______

③ ㄹ ㅓ ㄹ
ㄱ ㅡ ㅇ
______

④ ㅈ ㅔ ㅇ
ㅋ ㅣ ㄹ
______

⑤ ㅆ ㅓ ㄴ
ㅅ ㅐ ㄹ
______

⑥ ㅋ ㅠ ㄹ
ㄱ ㅗ ㅂ
______

⑦ ㅌ ㅔ ㅁ
ㅊ ㅍ ㄹ
______

⑧ ㄲ ㅏ ㅇ
ㅍ ㅗ ㄹ
______

글자를 완성하고 읽기

워크북
2-12-1

활용방법

- 〈보기〉를 보고 글자를 연결해서 읽어 봅시다.
- 선생님이 들려주는 낱글자들을 듣고 줄을 그어 연결해 봅시다(뱅, 굉, 증, 명, 컹, 창, 꽁, 펑).
- 줄로 그어진 글자들을 빈 칸에 쓰고 읽어 봅시다.
- 완성된 글자들만 다시 한 번 더 읽어 봅시다.

이름: ____________ 날짜: ____________

〈보기〉

ㄱ ㅕ ㅇ
ㅎ ㅗ ㅂ

공

①
ㅂ ㅜ ㅇ
ㅍ ㅐ ㄴ
____

②
ㄱ ㅚ ㅇ
ㄹ ㅗ ㄴ
____

③
ㄱ ㅏ ㅇ
ㅈ ㅡ ㄷ
____

④
ㅂ ㅛ ㅇ
ㅁ ㅕ ㄹ
____

⑤
ㅋ ㅠ ㅇ
ㄴ ㅓ ㅂ
____

⑥
ㅅ ㅏ ㅇ
ㅊ ㅇ ㄴ
____

⑦
ㄲ ㅐ ㄴ
ㅂ ㅗ ㅇ
____

⑧
ㅍ ㅓ ㄹ
ㅋ ㅕ ㅇ
____

글자를 완성하고 읽기

워크북
2-12-2

활용방법

- 글자가 있는 네모 칸을 오리고 낱글자의 말소리를 말해 봅시다.
- 오린 글자를 아이스크림 그림 위에 순서대로 올려서 붙여 봅시다.
- 완성된 글자를 읽어 봅시다.
- 완성된 글자를 공책에 쓰고 다시 한 번 더 읽어 봅시다.

이름: ____________________　　　　　　날짜: ________________________

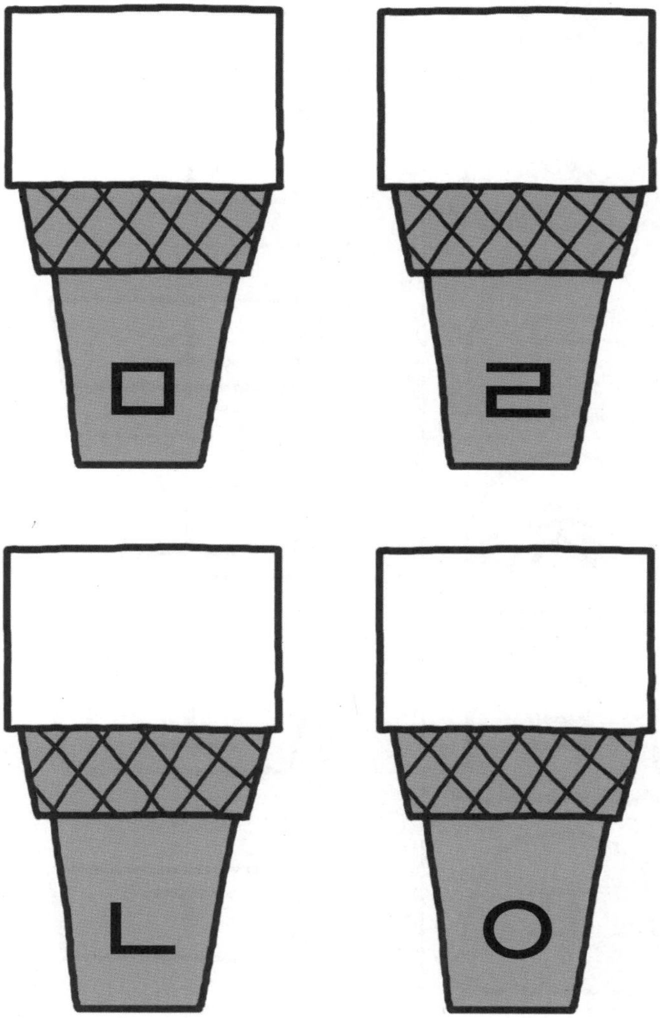

ㄱ
ㅗ
ㄴ
ㅜ
ㅁ
ㅗ
ㅅ
ㅜ
ㅋ
ㅗ
ㅊ
ㅗ
ㅂ
ㅗ
ㅍ
ㅜ

글자를 완성하고 읽기

워크북
2-12-3

활용방법

- 선생님이 말하는 것을 듣고 네모 칸의 아이스크림 부분에는 초성 자음을, 네모 부분에는 모음을 쓰고, 아이스크림콘의 밑 부분에는 종성 자음을 써 봅니다(무작위적으로 불러 줍니다).
- 아이스크림과 네모의 글자를 잘라서 아이스크림 콘 위에 순서대로 올리고 붙여 봅니다.
- 완성된 글자를 읽어 봅시다.
- 완성된 글자를 공책에 쓰고 다시 한 번 더 읽어 봅시다.

이름: ____________________　　　　　　날짜: ________________________

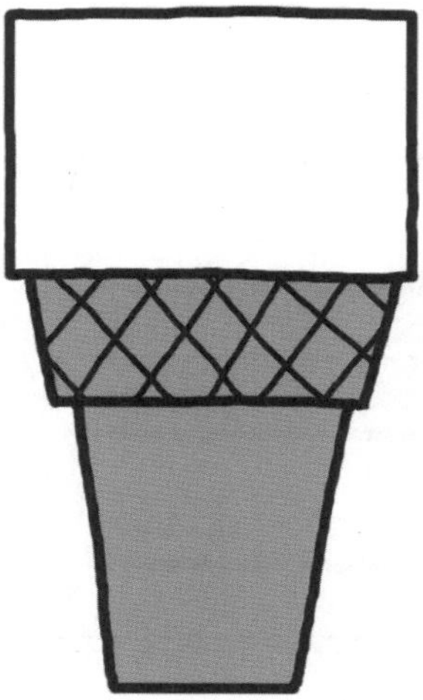
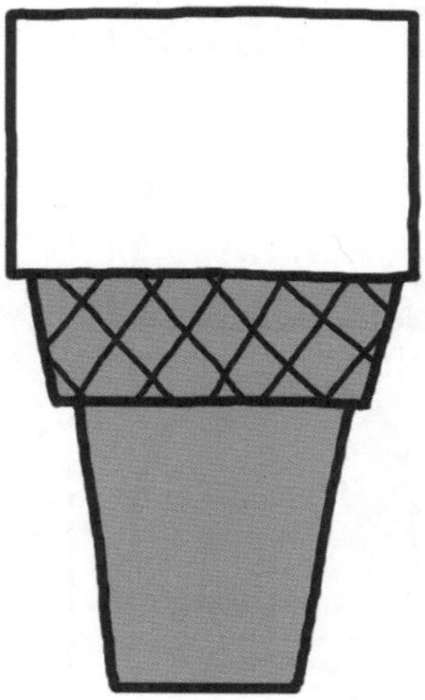
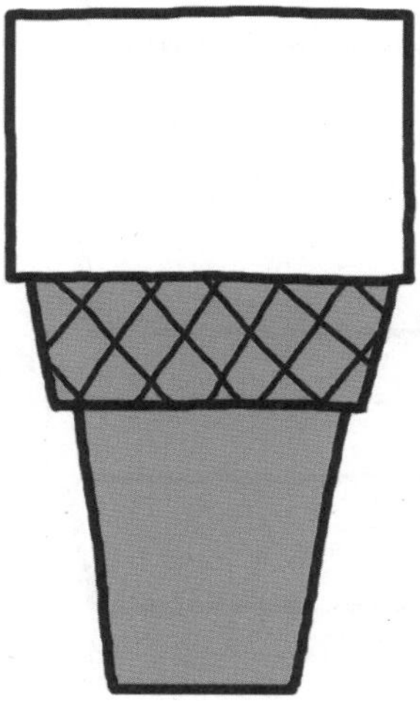
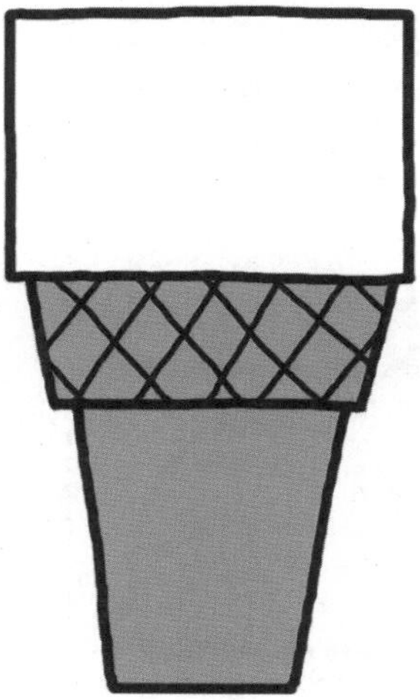

제3부

음절 글자/낱글자와 받침 읽기

제5장

음절글자

음절글자 채워 읽기

워크북
3-1-1

활용방법

- 빠진 글자를 찾아 낱말을 완성해 봅시다.
- 빈칸에 '가, 개, 나, 도' 중 글자를 골라 넣어 봅시다.
- 빈칸에 알맞은 글자를 넣어 읽어 봅시다.
- 다음의 낱말을 만들 수 있습니다.
  - '가위, 가방, 가지, 가수' '개미, 개구리' '나무, 나비, 나팔' '도끼, 도마, 도토리'
  - '라면, 라디오, 라라라' '모자, 모기, 모래' '바지, 바다, 바나나, 바람'
  - '사과, 사탕, 사자' '자동차, 자두' '치마, 치즈, 치약, 치과'
  - '코끼리, 코알라' '타조, 타이어' '파리, 파도' '하마, 하늘, 하품'

※ 자세한 지침은 지침서를 참고해 주세요.

가 개 나 도

◯ 위

라 모 바

면

라 모 바

디 오

라 모 바

○ 라 라

라 모 바

○ 자

라 모 바

◯ 기

라 모 바

◯ 래

라 모 바

○ 지

라 모 바

○ 다

라 모 바

○ 나 나

라 모 바

○ 람

사 자 치

과

사 자 치

탕

사 자 치

자

사 자 치

동 차

사 자 치

○ 두

사 자 치

○ 마

사 자 치

○ 즈

사 자 치

○ 약

사 자 치

○ 과

코 타 파 하

○ 끼 리

코 타 파 하

알 라

코 타 파 하

조

코 타 파 하

○ 이 어

코 타 파 하

○ 리

코 타 파 하

도

코 타 파 하

마

코 타 파 하

○ 늘

코 타 파 하

○ 품

음절글자 조합하여 읽기

워크북
3-1-2

활용방법

- 두 개의 글자카드를 골라 말을 만들어 읽어 봅시다.
- 다음의 낱말을 만들 수 있습니다.
  - 사자, 모자, 파도, 나라

※ 자세한 지침은 지침서를 참고해 주세요.

나	라
사	모
자	도
파	

제6장

낱글자

초성 포함하여 낱말 정확하게 읽기

워크북
3-3-1

활용방법

- 처음이 'ㄱ, ㄴ, ㄷ'으로 시작하는 낱말을 찾아 읽어 봅시다.
- 읽은 낱말의 첫 소리가 무엇인지 생각하며 읽어 봅시다.
- 'ㄱ, ㄴ, ㄷ' 빨래 통에 빨래를 넣어 봅시다. 처음이 'ㄱ, ㄴ, ㄷ'으로 시작하는지 생각하며 알맞은 빨래 통에 빨래를 넣어 봅시다. 빨래 통에서 글자를 하나씩 꺼내 읽어 봅시다.
- 'ㄱ, ㄴ, ㄷ' 로켓에 글자를 붙여 봅시다. 처음이 'ㄱ, ㄴ, ㄷ'으로 시작하는지 생각하며 알맞은 로켓에 글자를 붙여 봅시다. 로켓에 붙어있는 글자를 읽어 봅시다.
- 다음과 같은 낱말을 빨래 통에 넣거나 로켓에 붙여 읽을 수 있습니다.

※ 자세한 지침은 지침서를 참고해 주세요.

ㄱ	고추	명사 9(채소)	고구마	명사 9(채소)
	과자	명사 9(음식)	겨울	명사 6(때 · 날씨)
	거미	명사 7(곤충 외)	기타	명사 5(악기)
	거울	낱말읽기(받침 있음)	구름	낱말읽기(받침 있음)
	기린	낱말읽기(받침 있음)	강아지	낱말읽기(다음절)
	고양이	낱말읽기(다음절)	가을	명사 6(때 · 날씨)
ㄴ	나비	낱말읽기(받침 없음)	누나	명사 2(사람)
	너구리	명사 7(육지동물)	나팔	낱말읽기(받침 있음)
	냄비	명사 4(주방)	넥타이	명사 8(액세서리)
	냉장고	낱말읽기(다음절)		
ㄷ	돼지	명사 7(가축 외)	도끼	명사 5(연장)
	다리미	명사 4(전자제품)	도둑	소리놀이(첫소리알기)
	도토리	명사 9(과일 · 열매)		
ㄹ	라이터		리모컨	명사 4 전자제품)
ㅁ	모기	명사 7(곤충 외)	마이크	
	무지개	명사 6(때 · 날씨)	마늘	명사 9(채소)
	미끄럼틀	명사 6(놀이터)		

ㅂ	바지	명사 8(의복)	보물	
	블록	명사 5(생활용품)	붕어	
	볼펜	명사 5(학용품)	발목	명사 8(신체부위)
ㅅ	사과	조음어휘 1(어두초성 ㅅ)	사다리	조음어휘 1(어두초성 ㅅ)
	새우	조음어휘 1(어두초성 ㅅ)	수영	조음어휘 3(종성 ㅇ)
	사진		시간	명사 6(때 · 날씨)
	솜사탕	명사 9(음식)	수염	명사 8(신체부위)
	소방차	낱말읽기(다음절)	수건	조음어휘 3(종성 ㄴ)
	상자	명사 5(생활용품)		
ㅈ	자두	명사 9(과일 · 열매)	지구	소리놀이(첫소리 알기)
	주머니		지우개	낱말읽기(받침 없음)
	지붕		주전자	낱말읽기(다음절)
	지렁이	명사 7(곤충 외)	지하철	명사 1(교통수단 외)
	점심	명사 6(때 · 날씨)	점퍼	조음어휘 1(어두초성 ㅈ)
ㅊ	치킨	명사 9(음식)	초코	
	창문	조음어휘 1(어두초성 ㅊ)		
ㅋ	케이크	낱말읽기(받침 없음)	키위	소리놀이(첫소리 알기)
	코코아	명사 9(음식)	카메라	의문사(무엇)
	쿠키		코피	
	코알라	명사 7(육지동물)	커튼	소리놀이(첫소리 알기)
	컴퓨터	낱말읽기(다음절)		
ㅌ	타조	조음어휘 2(어중초성 ㅈ)	티셔츠	조음어휘 2(어중초성 ㅅ)
	테이프	명사 5(학용품)	타이어	
	탕수육	명사 9(음식)	탬버린	명사 5(악기)
ㅍ	피아노	낱말읽기(받침 없음)	피자	명사 9(음식)
	포크	명사 4(주방)	피리	명사 5(악기)
	팝콘	명사 9(음식)	필통	낱말읽기(다음절)
	풍선	낱말읽기(다음절)		
ㅎ	허리	명사 8(신체부위)	후추	
	휴지	명사 5(생활용품)	회사	명사 6(공공장소)
	하늘	소리놀이(첫소리 알기)	호떡	명사 9(음식)
	햄버거	조음어휘 3(종성 ㅁ)	화장품	명사 5(생활용품)
	휴대폰	명사 4(전자제품)	하품	조음어휘 3(종성 ㅁ)

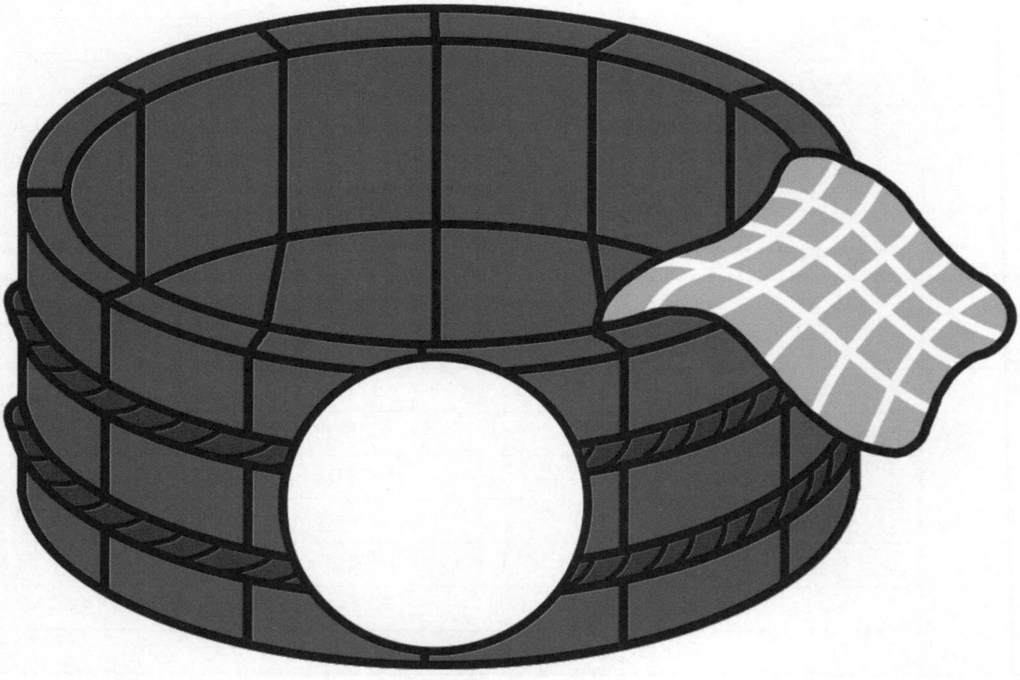

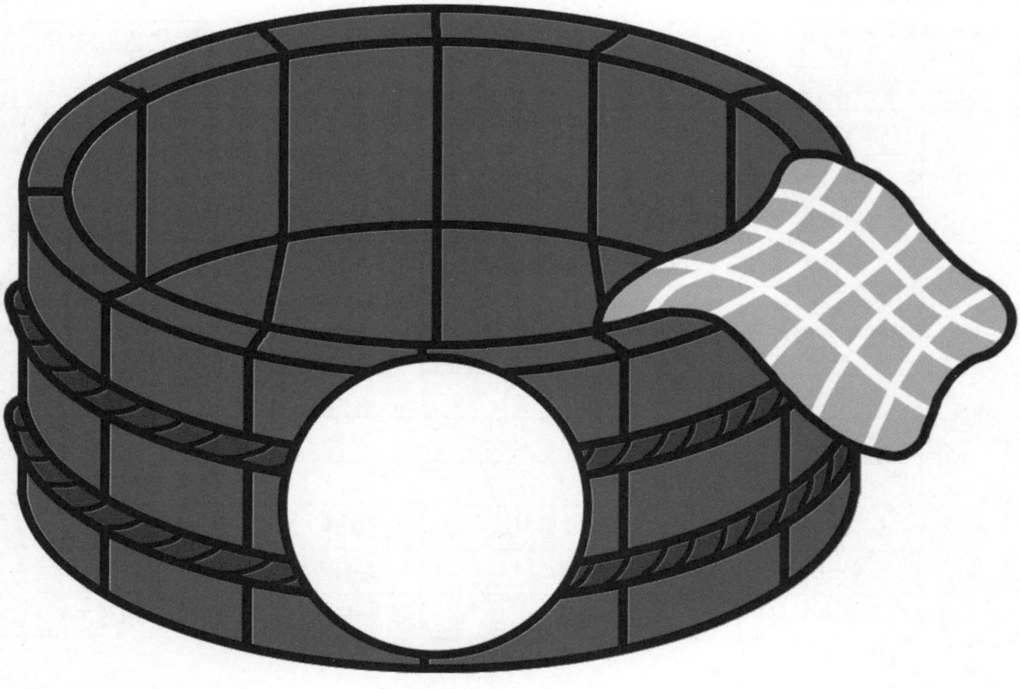

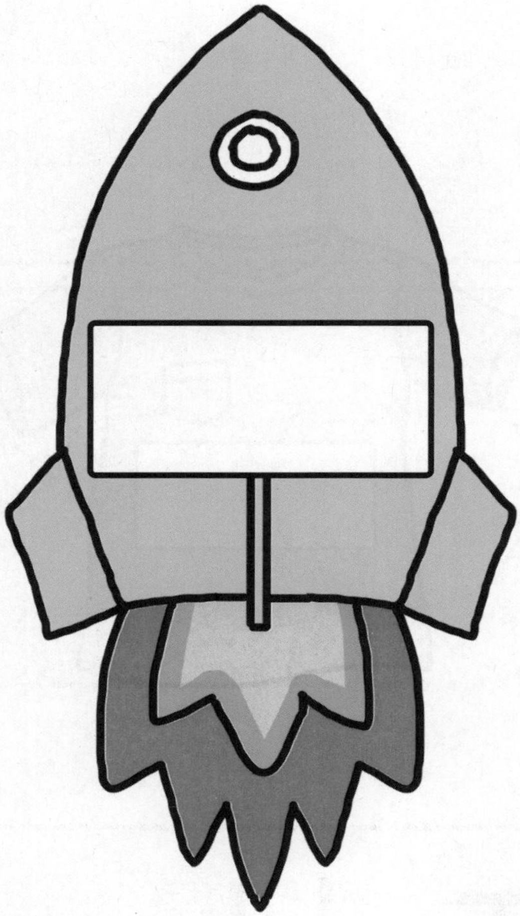

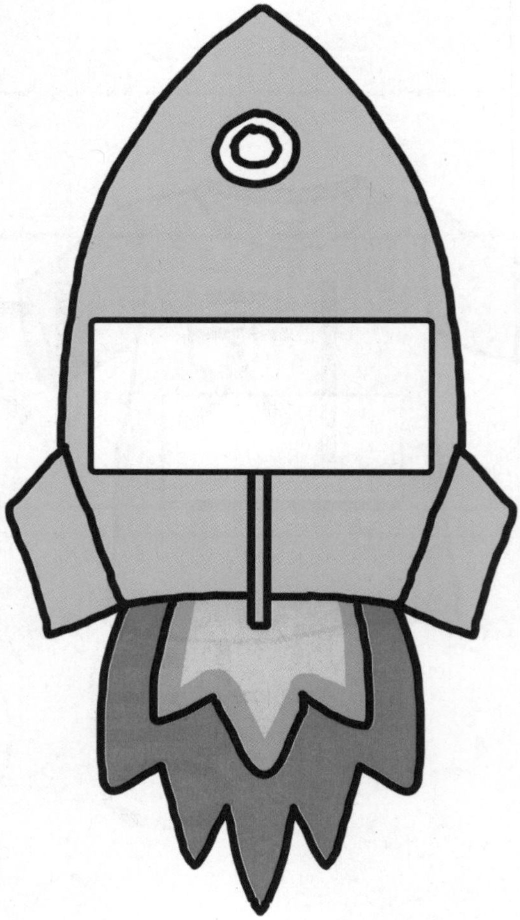

초성 'ㄱ-ㅎ' 자소-음소 일치형 낱말 읽기 빙고

워크북 3-3-2

활용방법

• 글자카드를 넣어 빙고판을 완성합시다. 정확하게 읽은 낱말에 동그라미를 하여 빙고게임을 합시다.
• 다음의 낱말로 빙고게임을 해 봅시다.

① 'ㄱ'

- 종성 없는 낱말
  가위, 고래, 기차, 고추, 고구마, 과자, 고기, 거미, 개미, 그네, 기타
- 종성 있는 낱말
  가방, 거울, 구름, 기린, 강아지, 고양이, 김치, 가을, 겨울, 감자
- 어두 초성 낱말
  가위, 고래, 기차, 고추, 고구마, 과자, 고기, 거미, 개미, 그네, 기타, 가방, 거울, 구름, 기린, 강아지, 고양이, 김치, 가을, 겨울, 감자
- 어중 초성 낱말
  고구마, 고기, 너구리, 드라이기, 당근, 동그라미, 딸기, 모기, 메뚜기, 무지개, 불가사리, 비행기, 사과, 시계, 사마귀, 수건, 소방관, 시간, 설거지, 야구, 아기, 지우개, 조개, 지구, 햄버거
- 서술어
  가다, 기다, 가늘다, 가득 차다, 가깝다, 고맙다

② 'ㄴ'

- 종성 없는 낱말
  나무, 나비, 노래, 누나, 너구리, 나사
- 종성 있는 낱말
  나팔, 냄비, 낙타, 노랑, 넥타이, 냉장고
- 어두 초성 낱말
  나무, 나비, 노래, 누나, 너구리, 나사, 나팔, 냄비, 낙타, 노랑, 넥타이, 냉장고
- 어중 초성 낱말
  그네, 누나, 마늘, 바나나, 비누, 언니, 주머니, 피아노, 하모니카, 하늘
- 서술어
  나가다, 나쁘다, 노래하다, 나오다, 나누다, 느리다

③ 'ㄷ'

- 종성 없는 낱말
  다리, 돼지, 도끼, 두부, 다리미, 드라이기, 도깨비, 도토리, 두더지
- 종성 있는 낱말
  당근, 도둑, 동그라미, 단추
- 어두 초성 낱말

다리, 돼지, 도끼, 두부, 다리미, 드라이기, 도깨비, 도토리, 두더지, 당근, 도둑, 동그라미, 단추

– 어중 초성 낱말

두더지, 도둑, 만두, 라디오, 바다, 사다리, 자두, 자동차, 침대, 파도, 포도, 호두, 휴대폰

– 서술어

다르다, 달리다, 두껍다, 다리다, 돌리다, 던지다, 당기다

④ 'ㄹ'

– 종성 없는 낱말

라디오, 라이터

– 종성 있는 낱말

리본, 라면, 리모컨

– 어두 초성 낱말

라디오, 라이터, 리본, 라면, 리모컨

– 어중 초성 낱말

고래, 구름, 노래, 너구리, 노랑, 다리, 다리미, 드라이기, 도토리, 동그라미, 머리, 미꾸라지, 모래, 미끄럼틀, 블록, 사다리, 소라, 오리, 아래, 우리, 요리, 아이스크림, 요구르트, 오렌지, 여름, 지렁이, 코끼리, 카메라, 콜라, 코알라, 트럭, 탬버린, 피리, 파리, 허리, 호랑이

⑤ 'ㅁ'

– 종성 없는 낱말

머리, 모자, 모기, 메뚜기, 미꾸라지, 모래, 마이크, 마트, 무지개

– 종성 있는 낱말

망치, 만두, 마늘, 마술, 미끄럼틀

– 어두 초성 낱말

머리, 모자, 모기, 메뚜기, 미꾸라지, 모래, 마이크, 마트, 무지개, 망치, 만두, 마늘, 마술, 미끄럼틀

– 어중 초성 낱말

고구마, 거미, 개미, 나무, 다리미, 동그라미, 라면, 리모컨, 보물, 발목, 사마귀, 이마, 이모, 엄마, 어묵, 주머니, 장미, 치마, 카메라, 토마토, 피망, 하마, 하모니카

– 서술어

모르다, 모이다, 마시다, 멈추다, 무겁다, 밉다, 만지다, 만나다

⑥ 'ㅂ'

– 종성 없는 낱말

바나나, 바다, 바지, 비누, 배추, 바퀴

– 종성 있는 낱말

보물, 발목, 블록, 붕어, 볼펜, 병원, 불가사리, 비행기

– 어두 초성 낱말

바나나, 바다, 바지, 비누, 배추, 바퀴, 보물, 발목, 블록, 붕어, 볼펜, 병원, 불가사리, 비행기

– 어중 초성 낱말

가방, 나비, 냄비, 두부, 도깨비, 리본, 소방차, 소방관, 어부, 오토바이, 지붕, 탬버린, 호박, 햄버거

– 서술어

버리다, 부르다, 배우다, 부서지다, 부러지다, 바르다

⑦ 'ㅅ'

– 종성 없는 낱말

사과, 사자, 시계, 사이다, 사다리, 사마귀, 새우, 소라, 스티커, 스케이트, 스키

– 종성 있는 낱말

사탕, 수박, 소방차, 수건, 생선, 상자, 소방관, 상어, 수영, 상추, 시간, 사진, 서점, 설거지, 솜사탕, 수염

– 어두 초성 낱말

사과, 사자, 시계, 사이다, 사다리, 사마귀, 새우, 소라, 스티커, 스케이트, 스키, 사탕, 수박, 소방차, 수건, 생선, 상자, 소방관, 상어, 수영, 상추, 시간, 사진, 서점, 설거지, 솜사탕, 수염

– 어중 초성 낱말

불가사리, 생선, 의사, 우산, 우주선, 염소, 원숭이, 주사, 점심, 청소, 탕수육, 풍선, 회사

– 서술어

사다, 서다, 새다, 소리치다, 사라지다, 시들다

⑧ 'ㅈ'

– 종성 없는 낱말

주사, 지우개, 주머니, 조개, 자두, 지구

– 종성 있는 낱말

지붕, 장미, 주전자, 자동차, 지렁이, 지하철, 점심, 점퍼, 종이

– 어두 초성 낱말

주사, 지우개, 주머니, 조개, 자두, 지구, 지붕, 장미, 주전자, 자동차, 지렁이, 지하철, 점심, 점퍼, 종이

– 어중 초성 낱말

과자, 강아지, 감자, 두더지, 모자, 미꾸라지, 무지개, 바지, 사자, 상자, 사진, 서점, 설거지, 의자, 우주선, 오렌지, 주전자, 치즈, 타조, 피자, 휴지, 화장품

– 서술어

자다, 재우다, 지우다, 자르다, 자라다, 지다

⑨ 'ㅊ'

– 종성 없는 낱말

치마, 치즈, 초코

– 종성 있는 낱말

치약, 침대, 치킨, 청소, 창문

– 어두 초성 낱말

치마, 치즈, 초코, 치약, 침대, 치킨, 청소, 창문

– 어중 초성 낱말

기차, 고추, 김치, 단추, 망치, 배추, 소방차, 상추, 자동차, 지하철, 티셔츠, 후추

– 서술어

추워, 치워, 차다, 차리다, (춤)추다

⑩ 'ㅋ'

– 종성 없는 낱말

케이크, 코끼리, 커피, 키위, 코코아, 카메라, 키보드, 쿠키, 코피

– 종성 있는 낱말

콜라, 코알라, 커튼, 컴퓨터

– 어두 초성 낱말

케이크, 코끼리, 커피, 키위, 코코아, 카메라, 키보드, 쿠키, 코피, 콜라, 코알라, 커튼, 컴퓨터

– 어중 초성 낱말

마이크, 리모컨, 바퀴, 스티커, 스케이트, 스키, 아이스크림, 치킨, 초코, 케이크, 코코아, 쿠키, 탱크, 포크, 팝콘, 하모니카

– 서술어

켜다, 크다, 키우다

⑪ 'ㅌ'

– 종성 없는 낱말

토끼, 토마토, 타조, 티셔츠, 테이프, 타이어

– 종성 있는 낱말

트럭, 탕수육, 탬버린, 탱크

– 어두 초성 낱말

토끼, 토마토, 타조, 티셔츠, 테이프, 타이어, 트럭, 탕수육, 탬버린, 탱크

– 어중 초성 낱말

기타, 낙타, 넥타이, 도토리, 라이터, 마트, 미끄럼틀, 스티커, 스케이트, 솜사탕, 아파트, 오토바이, 요구르트, 커튼, 컴퓨터, 필통

– 서술어

타다, 태우다, 튀기다

⑫ 'ㅍ'

– 종성 없는 낱말

파도, 포도, 피아노, 피자, 포크, 피리, 파리

– 종성 있는 낱말

피망, 팝콘, 필통, 풍선

– 어두 초성 낱말

파도, 포도, 피아노, 피자, 포크, 피리, 파리, 피망, 팝콘, 필통, 풍선

– 어중 초성 낱말
나팔, 볼펜, 양파, 점퍼, 코피, 컴퓨터, 테이프, 휴대폰
– 서술어
펴다, 파다

⑬ 'ㅎ'
– 종성 없는 낱말
하마, 하모니카, 호두, 허리, 후추, 휴지, 회사, 하늘
– 종성 있는 낱말
호박, 호떡, 햄버거, 화장품, 호랑이, 휴대폰, 하품
– 어두 초성 낱말
하마, 하모니카, 호두, 허리, 후추, 휴지, 회사, 하늘, 호박, 호떡, 햄버거, 화장품, 호랑이, 휴대폰, 하품
– 어중 초성 낱말
비행기, 지하철
– 서술어
하다, 흐르다, 헤어지다

※ 자세한 지침은 지침서를 참고해 주세요.

종성이 'ㅁ, ㄴ, ㄹ, ㅇ, ㅂ, ㄱ'인 자소–음소 일치형 낱말 읽기 빙고

워크북 3–4–1

활용방법

- 글자카드를 넣어 빙고판을 완성합시다. 정확하게 읽은 낱말에 동그라미를 하여 빙고게임을 합시다.
- 다음의 낱말로 빙고게임을 해 봅시다.

① 'ㅁ'

– 1음절: 감, 봄, 춤, 김, 솜, 껌, 밤, 잠, 햄, 뱀

– 2음절: 여름, 구름, 하품, 수염, 바람, 사람, 이름, 아이스크림

② 'ㄴ'

– 1음절: 눈, 산, 반, 돈, 안, 연

– 2음절: 기린, 우산, 치킨, 라면, 계란, 계단, 볼펜, 병원, 생선, 사진

③ 'ㄹ'

– 1음절: 말, 팔, 달, 벌, 불, 돌, 물, 칼, 풀, 쌀, 별, 귤

– 2음절: 가을, 거울, 겨울, 나팔, 마늘, 보물

④ 'ㅇ'

– 1음절: 빵, 양, 종, 콩, 강, 똥, 상, 멍

– 2음절: 가방, 사탕, 피망, 지붕, 노랑, 수영, 동생

⑤ 'ㅂ'

– 1음절: 집, 컵, 입, 삽, 답

– 2음절: 배꼽, 발톱, 손톱, 장갑

⑥ 'ㄱ'

– 1음절: 목, 턱, 북, 국, 떡

– 2음절: 수박, 호떡, 호박, 치약, 트럭, 도둑, 블록

※ 자세한 지침은 지침서를 참고해 주세요.

학습한 낱말 통글자로 읽기 활동지

워크북
3-7-1

활용방법

- '가, 만, 도, 를' 글자카드를 찾아 읽어 봅시다.
- '가, 만, 도, 를'이 쓰여 있는 글자판에 '가'를 빨간색, '만'을 노란색, '도'를 초록색, '를'을 파란색으로 색칠해 봅시다.
- 색칠한 글자판 또는 색칠하지 않은 새 글자판을 보고 순서대로 읽어 봅시다.
- 낱말 글자카드에 '가, 만, 도, 를' 글자카드를 붙여 문장을 만들어 읽어 봅시다.

※ 자세한 지침은 지침서를 참고해 주세요.

가	만	도	를

가	도	가	를
도	만	를	만
를	도	를	만
를	가	도	만
도	만	도	만

가	만	도	를

엄마	아빠	아기
사과	우유	
가다	사다	

가	를	만	도

엄마	아빠	아기
사과	우유	
가다	사다	자다

가	를	만	도

엄마	아빠	아기
사과	우유	빵
가다	사다	자다

고	서	는데	니까	지만	면	는

제4부

음운 규칙과 문법형태소 활용하여 읽기

한국어 해독해 ④ 해독과 읽기 유창성 워크북

제7장

음운 규칙

연음화 규칙 읽기
('ㄹ' 받침이 포함된 낱말 연음화 규칙 적용하여 읽기)

워크북
4-1-1

활용방법

- 다음 문장을 적절한 속도로 읽어 봅시다.
- 앞서 배운 규칙에 주의하여 읽어 봅시다.

※ 자세한 지침은 지침서를 참고해 주세요.

- 수준 1

벌이 윙윙 가요.
물을 마셔요.
달이 떠요.
팔이 길다.
반짝반짝 별이 보여요.

• 수준 2

팔에 벌이 침 쏴요.
말이 물을 마셔요.
물에 돌을 던져요.
달이랑 별이 떠요.
달이랑 별을 그려요.

연음화 규칙 읽기 ('ㄹ' 받침이 포함된 낱말 연음화 규칙 적용하여 읽기)

워크북
4-1-2

활용방법

- 색깔이 있는 글자에 주의하여 읽어 봅시다.
- 단어를 빠르게 읽어 봅시다.
- 왼쪽에서 오른쪽으로, 오른쪽에서 왼쪽으로, 위에서 아래로, 아래에서 위로 등 여러 방향으로 읽어 봅시다.

※ 자세한 지침은 지침서를 참고해 주세요.

• 수준 1

팔도	물에	달에
돌에	돌도	별에
벌도	벌에	풀도

팔도	물에	달에
돌에	돌도	별에
벌도	벌에	풀도

• 수준 2

칼도	달에	벌을	말도
팔을	말을	벌에	풀에
돌에	벌도	돌을	물에
별을	달도	벌을	달도

칼도	달에	벌을	말도
팔을	말을	벌에	풀에
돌에	벌도	돌을	물에
별을	달도	벌을	달도

• 수준 3

팔에	물을	돌에	팔을	별이
말을	물에	달을	달에	말이
팔이	풀을	풀이	별이	벌에
별을	팔에	벌이	풀에	돌이
별에	벌을	말에	달이	팔이

팔에	물을	돌에	팔을	별이
말을	물에	달을	달에	말이
팔이	풀을	풀이	별이	벌에
별을	팔에	벌이	풀에	돌이
별에	벌을	말에	달이	팔이

연음화 규칙 읽기 ('ㄹ' 받침이 포함된 낱말 연음화 규칙 적용하여 읽기)

워크북 4-1-3

활용방법

- 문장과 문단을 적절한 속도로 읽어 봅시다.
- 앞서 배운 규칙에 주의하여 읽어 봅시다.
- 빠르게 여러 번 읽어 봅시다.

※ 자세한 지침은 지침서를 참고해 주세요.

• 수준 1

오늘 그림을 그린대요.

문구점에서 크레파스랑 스케치북 사요.

친구는 붓이랑 공책 사요.

돈을 내고 나와요. 짝꿍 얼굴을 그리래요.

연필로 스케치북에 그려요.

그리고 색칠을 해요.

검은색이 필요해요.

친구한테 빌려 색칠을 해요.

그림을 다 그리고 청소를 해요.

창문도 열어요.

청소를 하다가 친구가 넘어져서 보건실에 가요.

약을 바르고 다시 청소를 해요.

청소를 하고 창문을 닫아요.

선생님한테 칭찬을 받아요.

청소를 다 하고 집으로 가요.

오늘 그림을 그린대요. 문구점에서 크레파스랑 스케치북 사요. 친구는 붓이랑 공책 사요. 돈을 내고 나와요. 짝꿍 얼굴을 그리래요. 연필로 스케치북에 그려요. 그리고 색칠을 해요. 검은색이 필요해요. 친구한테 빌려 색칠을 해요. 그림을 다 그리고 청소를 해요. 창문도 열어요. 청소를 하다가 친구가 넘어져서 보건실에 가요. 약을 바르고 다시 청소를 해요. 청소를 하고 창문을 닫아요. 선생님한테 칭찬을 받아요. 청소를 다 하고 집으로 가요.

오늘 그림을 그린대요. 문구점에서 크레파스랑 스케치북 사요. 친구는 붓이랑 공책 사요. 돈을 내고 나와요. 짝꿍 얼굴을 그리래요. 연필로 스케치북에 그려요. 그리고 색칠을 해요. 검은색이 필요해요. 친구한테 빌려 색칠을 해요. 그림을 다 그리고 청소를 해요. 창문도 열어요. 청소를 하다가 친구가 넘어져서 보건실에 가요. 약을 바르고 다시 청소를 해요. 청소를 하고 창문을 닫아요. 선생님한테 칭찬을 받아요. 청소를 다 하고 집으로 가요.

• 수준 3

미술시간에 그림을 그린대요. 문구점에서 크레파스를 사고 스케치북 한 권을 사요. 그리고 연필도 사요. 친구는 붓이랑 공책 두 권을 사요. 돈을 내고 문구점을 나와요. 미술시간에 선생님이 짝꿍 얼굴을 그리래요. 연필로 스케치북에 그림을 그리고 색칠을 해요. 친구 머리를 색칠하는데 검은색이 필요해요. 검은색을 친구한테 빌리고 색칠을 해요. 그림을 다 그리고 청소시간에 청소를 해요. 커튼을 열고 창문도 열어요. 청소를 하다가 친구가 넘어져서 보건실에 가요. 보건실에서 약을 바르고 다시 청소를 해요. 청소를 하고 창문을 닫아요. 깨끗이 청소를 해서 선생님한테 칭찬을 받아요. 청소를 다 하고 집으로 가요.

미술시간에 그림을 그린대요. 문구점에서 크레파스를 사고 스케치북 한 권을 사요. 그리고 연필도 사요. 친구는 붓이랑 공책 두 권을 사요. 돈을 내고 문구점을 나와요. 미술시간에 선생님이 짝꿍 얼굴을 그리래요. 연필로 스케치북에 그림을 그리고 색칠을 해요. 친구 머리를 색칠하는데 검은색이 필요해요. 검은색을 친구한테 빌리고 색칠을 해요. 그림을 다 그리고 청소시간에 청소를 해요. 커튼을 열고 창문도 열어요. 청소를 하다가 친구가 넘어져서 보건실에 가요. 보건실에서 약을 바르고 다시 청소를 해요. 청소를 하고 창문을 닫아요. 깨끗이 청소를 해서 선생님한테 칭찬을 받아요. 청소를 다 하고 집으로 가요.

연음화 규칙 읽기('ㄴ, ㅁ, ㄹ' 받침이 포함된 낱말 연음화 규칙 적용하여 읽기)

워크북
4-2-1

활용방법

- 다음 문장을 적절한 속도로 읽어 봅시다.
- 앞서 배운 규칙에 주의하여 읽어 봅시다.

※ 자세한 지침은 지침서를 참고해 주세요.

• 수준 1

신발이 커요.

감을 사요.

문구점에 가요.

거실이 추워요.

공책 한 권을 사요.

• 수준 2

풍선을 사러 문구점에 가요.
신발이 커서 신발을 바꿔요.
거실에서 밤을 까요.
문구점에서 연필과 공책 두 권을 사요.
풍선을 불고 하늘에 날려요.

연음화 규칙 읽기('ㄴ, ㅁ, ㄹ' 받침이 포함된 낱말 연음화 규칙 적용하여 읽기)

워크북
4-2-2

활용방법

- 색깔이 있는 글자에 주의하여 읽어 봅시다.
- 단어를 빠르게 읽어 봅시다.
- 왼쪽에서 오른쪽으로, 오른쪽에서 왼쪽으로, 위에서 아래로, 아래에서 위로 등 여러 방향으로 읽어 봅시다.

※ 자세한 지침은 지침서를 참고해 주세요.

• 수준 1

연필도	문구점에	신발에
볼펜에	풍선도	화장실에
밤에	하늘에	감도

연필도	문구점에	신발에
볼펜에	풍선도	화장실에
밤에	하늘에	감도

• 수준 2

화장실도	거실에	문구점을	하늘을
권을	거실도	풍선을	화장실에
연필을	풍선에	감도	하늘도
볼펜을	밤도	감을	거실에

화장실도	거실에	문구점을	하늘을
권을	거실도	풍선을	화장실에
연필을	풍선에	감도	하늘도
볼펜을	밤도	감을	거실에

• 수준 3

연필에	풍선에	밤을	하늘이	화장실이
풍선이	볼펜을	거실을	감에	거실에
밤이	볼펜을	풍선이	하늘을	거실에
거실이	문구점에	화장실이	감이	화장실에
감이	하늘에	밤이	하늘이	문구점을

연필에	풍선에	밤을	하늘이	화장실이
풍선이	볼펜을	거실을	감에	거실에
밤이	볼펜을	풍선이	하늘을	거실에
거실이	문구점에	화장실이	감이	화장실에
감이	하늘에	밤이	하늘이	문구점을

연음화 규칙 읽기('ㄴ, ㅁ, ㄹ' 받침이 포함된 낱말 연음화 규칙 적용하여 읽기)

워크북
4-2-3

활용방법

- 문장과 문단을 적절한 속도로 읽어 봅시다.
- 앞서 배운 규칙에 주의하여 읽어 봅시다.
- 빠르게 여러 번 읽어 봅시다.

※ 자세한 지침은 지침서를 참고해 주세요.

• 수준 1

오늘 가영이 생일이에요.

가영이 집에서 생일파티를 한대요.

아영이는 선물을 사러 문구점에 가요.

문구점에 가서 구경해요.

예쁜 무지개 우산이 보여요.

무지개 우산을 사서 예쁘게 포장해요.

가영이한테 우산을 주니 예쁘다고 해요.

파티에서 케이크랑 과자를 먹은 후, 집에 와서 일기를 써요.

오늘 가영이 생일이에요. 가영이 집에서 생일 파티를 한대요. 아영이는 선물을 사러 문구점에 가요. 문구점에 가서 구경해요. 예쁜 무지개 우산이 보여요. 무지개 우산을 사서 예쁘게 포장해요. 카드도 써요. 가영이한테 우산을 주니 예쁘다고 해요. 파티에서 케이크랑 과자를 먹은 후, 집에 와서 일기를 써요.

오늘 가영이 생일이에요. 가영이 집에서 생일 파티를 한대요. 아영이는 선물을 사러 문구점에 가요. 문구점에 가서 구경해요. 예쁜 무지개 우산이 보여요. 무지개 우산을 사서 예쁘게 포장해요. 카드도 써요. 가영이한테 우산을 주니 예쁘다고 해요. 파티에서 케이크랑 과자를 먹은 후, 집에 와서 일기를 써요.

• 수준 3

오늘은 가영이 생일이에요. 저녁에 가영이 집에서 생일 파티를 한대요. 아영이는 친구들이랑 선물을 사러 문구점에 가요. 문구점에 들어가서 가영이에게 줄 선물을 구경해요. 예쁜 무지개 우산이 보여요. 가영이가 무지개 우산을 쓴 모습을 상상해요. 계산을 하고 무지개 우산을 포장해 달라고 해요. 카드도 써요. 가영이한테 카드랑 우산을 줘요. 가영이는 우산이 마음에 든다고 해요. 파티에서 케이크랑 과자를 먹은 다음에 집에 와서 일기를 써요.

오늘은 가영이 생일이에요. 저녁에 가영이 집에서 생일 파티를 한대요. 아영이는 친구들이랑 선물을 사러 문구점에 가요. 문구점에 들어가서 가영이에게 줄 선물을 구경해요. 예쁜 무지개 우산이 보여요. 가영이가 무지개 우산을 쓴 모습을 상상해요. 계산을 하고 무지개 우산을 포장해 달라고 해요. 카드도 써요. 가영이한테 카드랑 우산을 줘요. 가영이는 우산이 마음에 든다고 해요. 파티에서 케이크랑 과자를 먹은 다음에 집에 와서 일기를 써요.

연음화 규칙 읽기
(연음화 규칙을 서술어에 적용하여 읽기)

워크북
4-3-1

활용방법

- 다음 문장을 적절한 속도로 읽어 봅시다.
- 앞서 배운 규칙에 주의하여 읽어 봅시다.

※ 자세한 지침은 지침서를 참고해 주세요.

- 수준 1

사탕을 먹어요.
손을 씻어요.
이를 닦아요.
나무를 심어요.
비행기를 접어요.
쿠키를 만들어요.
아침에 일어나요.
도장을 찍어요.

• 수준 2

집에서 밥을 먹어요.
화장실에서 손을 씻어요.
밥을 먹은 다음에 이를 닦아요.
땅을 파고 나무를 심어요.
비행기를 접어서 하늘에 날려요.
친구랑 노래를 들으며 과자집을 만들어요.
아침에 일어나서 놀이터에 가요.
친구랑 공원에서 사진을 찍어요.

연음화 규칙 읽기
(연음화 규칙을 서술어에 적용하여 읽기)

워크북
4-3-2

활용방법

- 색깔이 있는 글자에 주의하여 읽어 봅시다.
- 단어를 빠르게 읽어 봅시다.
- 왼쪽에서 오른쪽으로, 오른쪽에서 왼쪽으로, 위에서 아래로, 아래에서 위로 등 여러 방향으로 읽어 봅시다.

※ 자세한 지침은 지침서를 참고해 주세요.

• 수준 1

먹어	씻어	닦아
심어	만들어	찍어
먹어	일어나	닦아

먹어	씻어	닦아
심어	만들어	찍어
먹어	일어나	닦아

• 수준 2

먹어	닦은	씻은	심어
심은	먹은	심어	찍은
찍은	닦은	심어	접은
심어	접은	일어나	접어

먹어	닦은	씻은	심어
심은	먹은	심어	찍은
찍은	닦은	심어	접은
심어	접은	일어나	접어

• 수준 3

먹어	일어나	씻은	먹은	심어
씻어	찍을	닦은	있을	닦아
일어나	닦아	먹을	찍을	씻어
접은	씻은	씻을	먹은	만들어
닦은	심어	닦을	닦은	찍을

먹어	일어나	씻은	먹은	심어
씻어	찍을	닦은	있을	닦아
일어나	닦아	먹을	찍을	씻어
접은	씻은	씻을	먹은	만들어
닦은	심어	닦을	닦은	찍을

연음화 규칙 읽기
(연음화 규칙을 서술어에 적용하여 읽기)

워크북
4-3-3

활용방법

- 문장과 문단을 적절한 속도로 읽어 봅시다.
- 앞서 배운 규칙에 주의하여 읽어 봅시다.
- 빠르게 여러 번 읽어 봅시다.

※ 자세한 지침은 지침서를 참고해 주세요.

• 수준 1

체육대회 날이에요.

우리 반 반장은 달리기를 잘 해서 대표로 나가기로 했어요.

나는 수이와 피구 경기에 나가고,
훌라후프를 잘하는 가영이는 대표로 나가기로 했어요.

친구들은 열심히 응원을 해 주었어요.

경기를 다 하고 점심시간이 되었어요.

땀을 흘려서 세수를 하고 얼굴을 닦았어요.

밥을 먹은 다음 친구들이랑 이를 닦았어요.

우리는 체육대회가 끝나고 단체 사진을 찍었어요.

• 수준 2

체육대회 날이에요. 우리 반 반장은 달리기를 잘 해서 대표로 나가기로 했어요. 나는 수이와 피구 경기에 나가고, 훌라후프를 잘하는 가영이는 대표로 나가기로 했어요. 친구들은 열심히 응원을 해 주었어요. 경기를 다 하고 점심시간이 되었어요. 땀을 흘려서 세수를 하고 얼굴을 닦았어요. 밥을 먹은 다음 친구들이랑 이를 닦았어요. 우리는 체육대회가 끝나고 단체 사진을 찍었어요.

체육대회 날이에요. 우리 반 반장은 달리기를 잘 해서 대표로 나가기로 했어요. 나는 수이와 피구 경기에 나가고, 훌라후프를 잘하는 가영이는 대표로 나가기로 했어요. 친구들은 열심히 응원을 해 주었어요. 경기를 다 하고 점심시간이 되었어요. 땀을 흘려서 세수를 하고 얼굴을 닦았어요. 밥을 먹은 다음 친구들이랑 이를 닦았어요. 우리는 체육대회가 끝나고 단체 사진을 찍었어요.

• 수준 3

오늘은 체육대회 날이에요. 우리 반 반장은 달리기를 잘해서 대표로 나가기로 했어요. 나는 수이와 피구 경기에 나가고, 훌라후프를 잘하는 가영이는 대표로 나가기로 했어요. 친구들은 열심히 응원을 해 주었어요. 친구들이 열심히 응원을 해 주어서 우리 반이 이겼어요. 나는 기분이 날아갈 것 같았어요. 경기를 다 하고 점심시간이 되었어요. 땀을 흘려서 깨끗이 손이랑 얼굴을 닦았어요. 밥을 먹은 다음 친구들이랑 화장실에서 이를 닦았어요. 그리고 우리는 단체 사진을 찍었어요.

오늘은 체육대회 날이에요. 우리 반 반장은 달리기를 잘해서 대표로 나가기로 했어요. 나는 수이와 피구 경기에 나가고, 훌라후프를 잘하는 가영이는 대표로 나가기로 했어요. 친구들은 열심히 응원을 해 주었어요. 친구들이 열심히 응원을 해 주어서 우리 반이 이겼어요. 나는 기분이 날아갈 것 같았어요. 경기를 다 하고 점심시간이 되었어요. 땀을 흘려서 깨끗이 손이랑 얼굴을 닦았어요. 밥을 먹은 다음 친구들이랑 화장실에서 이를 닦았어요. 그리고 우리는 단체 사진을 찍었어요.

경음화 규칙 읽기('ㄱ, ㅂ' 받침이 포함된 낱말 경음화 규칙 적용하여 읽기)

워크북 4-4-1

활용방법

- 다음 문장을 적절한 속도로 읽어 봅시다.
- 앞서 배운 규칙에 주의하여 읽어 봅시다.

※ 자세한 지침은 지침서를 참고해 주세요.

- 수준 1

필통이 작고
겨울 춥지.
밥도 먹고
망치로 박지.
작게 만든 떡
공부는 어렵지.

• 수준 2

필통이 작고 가볍지.
여름 덥고 겨울 춥지.
밥도 먹고 빵도 먹지.
망치로 박고 또 박지.
작게 만든 떡 먹지.
공부는 어렵고 놀기는 쉽지.

경음화 규칙 읽기('ㄱ, ㅂ' 받침이 포함된 낱말 경음화 규칙 적용하여 읽기)

워크북
4-4-2

활용방법

- 색깔이 있는 글자에 주의하여 읽어 봅시다.
- 단어를 빠르게 읽어 봅시다.
- 왼쪽에서 오른쪽으로, 오른쪽에서 왼쪽으로, 위에서 아래로, 아래에서 위로 등 여러 방향으로 읽어 봅시다.

※ 자세한 지침은 지침서를 참고해 주세요.

• 수준 1

먹지	무겁지	적지
작지	춥지	덥지
가볍지	박지	작지

먹지	무겁지	적지
작지	춥지	덥지
가볍지	박지	작지

• 수준 2

무겁고	적고	작고
덥고	박지	가볍게
춥지	먹지	덥지

무겁고	적고	작고
덥고	박지	가볍게
춥지	먹지	덥지

• 수준 3

무겁고	적고	작고	가볍지	춥게
작지	박고	무겁게	덥게	적지
작게	가볍고	덥지	적게	춥고
덥고	박지	가볍게	먹게	무겁지
춥지	먹지	덥지	박게	먹고

무겁고	적고	작고	가볍지	춥게
작지	박고	무겁게	덥게	적지
작게	가볍고	덥지	적게	춥고
덥고	박지	가볍게	먹게	무겁지
춥지	먹지	덥지	박게	먹고

경음화 규칙 읽기('ㄱ, ㅂ' 받침이 포함된 낱말 경음화 규칙 적용하여 읽기)

워크북 4-4-3

활용방법

- 문장과 문단을 적절한 속도로 읽어 봅시다.
- 앞서 배운 규칙에 주의하여 읽어 봅시다.
- 빠르게 여러 번 읽어 봅시다.

※ 자세한 지침은 지침서를 참고해 주세요.

- 수준 1

요리 시간 / 밀가루 준비해 / 작고 동그란 달걀 / 그리고 설탕, 우유 적게 준비해 / 설탕, 달걀 가볍고 / 밀가루, 우유 무겁지 / 빵 작게 만들자 / 이제 굽고 꺼내 / 조심해 뜨겁고 위험해 / 만든 빵 먹지 / 쉽고 신나는 요리 시간

요리 시간 / 밀가루 준비해 / 작고 동그란 달걀 / 그리고 설탕, 우유 적게 준비해 / 설탕, 달걀 가볍고 / 밀가루, 우유 무겁지 / 빵 작게 만들자 / 이제 굽고 꺼내 / 조심해 뜨겁고 위험해 / 만든 빵 먹지 / 쉽고 신나는 요리 시간

• 수준 2

요리는 쉽지 / 쉽고 간단해 / 먼저 밀가루를 준비해 / 그리고 작고 동그란 달걀도 준비해 / 설탕은 적게 우유도 적게 준비해 / 설탕은 가볍고 달걀도 가볍지 / 밀가루는 무겁고 우유도 무겁지 / 동그란 빵을 작게 만들지 / 이제 굽고 꺼내 / 조심해야 해 뜨겁고 덥지 / 내가 만든 빵을 먹지 / 동생은 빵도 먹고 우유도 먹지 / 빵 만들기는 쉽고 간단해 / 신나는 요리 시간

요리는 쉽지 / 쉽고 간단해 / 먼저 밀가루를 준비해 / 그리고 작고 동그란 달걀도 준비해 / 설탕은 적게 우유도 적게 준비해 / 설탕은 가볍고 달걀도 가볍지 / 밀가루는 무겁고 우유도 무겁지 / 동그란 빵을 작게 만들지 / 이제 굽고 꺼내 / 조심해야 해 뜨겁고 덥지 / 내가 만든 빵을 먹지 / 동생은 빵도 먹고 우유도 먹지 / 빵 만들기는 쉽고 간단해 / 신나는 요리 시간

경음화 규칙 읽기('ㅅ, ㅈ' 받침이 포함된 낱말 경음화 규칙 적용하여 읽기)

워크북
4-5-1

활용방법

- 다음 문장을 적절한 속도로 읽어 봅시다.
- 앞서 배운 규칙에 주의하여 읽어 봅시다.

※ 자세한 지침은 지침서를 참고해 주세요.

• 수준 1

모자 벗다.
물 붓고
종이 찢다.
아기가 씻고
열쇠를 낮게

• 수준 2

머리 빗게 모자 벗다.

물 붓고 떡 빚다.

강아지가 짖고 종이 찢다.

아기가 씻고 기뻐서 웃다.

열쇠를 낮게 꽂다.

경음화 규칙 읽기('ㅅ, ㅈ' 받침이 포함된 낱말 경음화 규칙 적용하여 읽기)

워크북
4-5-2

활용방법

- 색깔이 있는 글자에 주의하여 읽어 봅시다.
- 단어를 빠르게 읽어 봅시다.
- 왼쪽에서 오른쪽으로, 오른쪽에서 왼쪽으로, 위에서 아래로, 아래에서 위로 등 여러 방향으로 읽어 봅시다.

※ 자세한 지침은 지침서를 참고해 주세요.

• 수준 1

찢지	씻지	빚지
웃지	빗지	낮지
짖지	벗지	붓지

찢지	씻지	빚지
웃지	빗지	낮지
짖지	벗지	붓지

• 수준 2

웃고	빗고	붓게
짖지	꽂지	찢고
빚게	벗지	씻게

웃고	빗고	붓게
짖지	꽂지	찢고
빚게	벗지	씻게

• 수준 3

빗고	벗지	짖게	씻지	웃게
찢고	웃지	벗고	꽂고	낮지
빚지	짖고	빚게	붓고	씻게
빗지	웃고	꽂지	낮고	찢지
붓지	짖지	씻고	찢게	낮게

빗고	벗지	짖게	씻지	웃게
찢고	웃지	벗고	꽂고	낮지
빚지	짖고	빚게	붓고	씻게
빗지	웃고	꽂지	낮고	찢지
붓지	짖지	씻고	찢게	낮게

경음화 규칙 읽기('ㅅ, ㅈ' 받침이 포함된 낱말 경음화 규칙 적용하여 읽기)

워크북
4-5-3

활용방법

- 문장과 문단을 적절한 속도로 읽어 봅시다.
- 앞서 배운 규칙에 주의하여 읽어 봅시다.
- 빠르게 여러 번 읽어 봅시다.

※ 자세한 지침은 지침서를 참고해 주세요.

• 수준 1

설날 아침 / 엄마는 만두 빚지 / 기름 붓고 고기 꽂고 튀기지 / 그리고 떡국 만들지 / 떡국 냄새에 강아지가 짖지 / 나는 몸 씻지 / 바지 벗고 양말 벗지 / 머리도 빗지 / 친척과 인사하고 웃지 / 모두 모여 낮고 가까운 산 가지

설날 아침 / 엄마는 만두 빚지 / 기름 붓고 고기 꽂고 튀기지 / 그리고 떡국 만들지 / 떡국 냄새에 강아지가 짖지 / 나는 몸 씻지 / 바지 벗고 양말 벗지 / 머리도 빗지 / 친척과 인사하고 웃지 / 모두 모여 낮고 가까운 산 가지

• 수준 2

설날 아침 / 강아지는 신나서 멍멍 짖고 / 엄마는 만두 빚지 / 냄비에 기름 붓고 고기를 꽂고 튀기지 / 만두랑 떡 붓고 떡국 만들지 / 떡국 냄새 나서 강아지가 짖지 / 나는 몸 씻게 바지를 벗지 / 바지도 벗고 양말도 벗지 / 다 씻고 머리를 빗지 / 동생도 머리를 예쁘게 빗지 / 친척 오면 인사하고 웃지 / 웃고 신나게 이야기하지 / 모두 모이면 낮고 가까운 산 가지

설날 아침 / 강아지는 신나서 멍멍 짖고 / 엄마는 만두 빚지 / 냄비에 기름 붓고 고기를 꽂고 튀기지 / 만두랑 떡 붓고 떡국 만들지 / 떡국 냄새 나서 강아지가 짖지 / 나는 몸 씻게 바지를 벗지 / 바지도 벗고 양말도 벗지 / 다 씻고 머리를 빗지 / 동생도 머리를 예쁘게 빗지 / 친척 오면 인사하고 웃지 / 웃고 신나게 이야기하지 / 모두 모이면 낮고 가까운 산 가지

경음화 규칙 읽기
(겹받침이 포함된 낱말 경음화 규칙 적용하여 읽기)

워크북
4-6-1

활용방법

- 다음 문장을 적절한 속도로 읽어 봅시다.
- 앞서 배운 규칙에 주의하여 읽어 봅시다.

※ 자세한 지침은 지침서를 참고해 주세요.

- 수준 1

의자에 앉고
할머니는 늙고
책 읽게
의자에 앉지.
읽고 나니

• 수준 2

의자에 앉고 책 읽지.

아기는 젊고 할머니는 늙고

책 읽게 밝게 비추지.

머리 묶고 의자에 앉지.

읽고 나니 책 없지.

경음화 규칙 읽기 (겹받침이 포함된 낱말 경음화 규칙 적용하여 읽기)

워크북 4-6-2

활용방법

- 색깔이 있는 글자에 주의하여 읽어 봅시다.
- 단어를 빠르게 읽어 봅시다.
- 왼쪽에서 오른쪽으로, 오른쪽에서 왼쪽으로, 위에서 아래로, 아래에서 위로 등 여러 방향으로 읽어 봅시다.

※ 자세한 지침은 지침서를 참고해 주세요.

• 수준 1

읽지	묶지	늙지
없지	젊지	밝지
앉지	없지	읽지

읽지	묶지	늙지
없지	젊지	밝지
앉지	없지	읽지

• 수준 2

묶고	젊고	늙게
없게	읽지	읽게
밝지	앉고	늙고

묶고	젊고	늙게
없게	읽지	읽게
밝지	앉고	늙고

• 수준 3

묶고	젊지	밝게	앉게	늙고
없지	안지	묶고	읽고	밝지
없고	묶지	젊고	없고	읽지
읽게	밝지	늙게	늙지	읽지
밝고	젊게	묶지	앉고	없게

묶고	젊지	밝게	앉게	늙고
없지	안지	묶고	읽고	밝지
없고	묶지	젊고	없고	읽지
읽게	밝지	늙게	늙지	읽지
밝고	젊게	묶지	앉고	없게

경음화 규칙 읽기
(겹받침이 포함된 낱말 경음화 규칙 적용하여 읽기)

워크북
4-6-3

활용방법

- 문장과 문단을 적절한 속도로 읽어 봅시다.
- 앞서 배운 규칙에 주의하여 읽어 봅시다.
- 빠르게 여러 번 읽어 봅시다.

※ 자세한 지침은 지침서를 참고해 주세요.

엄마랑 책 읽지.
엄마가 읽고
나는 앉지 동생도 앉지.
오빠는 없지.
동화에는 늙고 아픈 할머니, 젊고 예쁜 언니 나오지.
다 읽고 나가지.
머리 묶고 거울 보지.
하늘도 밝고 날씨도 맑지.

엄마랑 책 읽지.
엄마가 읽고
나는 앉지 동생도 앉지.
오빠는 없지.
동화에는 늙고 아픈 할머니, 젊고 예쁜 언니 나오지.
다 읽고 나가지.
머리 묶고 거울 보지.
하늘도 밝고 날씨도 맑지.

• 수준 2

오늘은 엄마랑 책 읽지.
엄마가 읽고
나는 의자에 앉지.
동생은 침대에 앉지.
오빠는 없지.
동화에는 늙고 아픈 할머니랑 젊고 예쁜 언니가 나오지.
다 읽고 나서 나갈 준비하지.
예쁘게 머리 묶고 거울 보지.
언니는 머리 묶고 젊게 보이지.
나와 보니 하늘도 밝고 날씨도 맑지.

오늘은 엄마랑 책 읽지.
엄마가 읽고
나는 의자에 앉지.
동생은 침대에 앉지.
오빠는 없지.
동화에는 늙고 아픈 할머니랑 젊고 예쁜 언니가 나오지.
다 읽고 나서 나갈 준비하지.
예쁘게 머리 묶고 거울 보지.
언니는 머리 묶고 젊게 보이지.
나와 보니 하늘도 밝고 날씨도 맑지.

연음화 및 경음화 규칙을 함께 적용하여 읽기

워크북
4-7-1

활용방법

- 2개의 낱말을 붙여서 읽어 봅시다.
- 앞서 배운 규칙에 주의하여 읽어 봅시다.
- 적절한 속도로 읽어 봅시다.

※ 자세한 지침은 지침서를 참고해 주세요.

• 수준 1

물을
밤을
감을

+

먹다
먹어요
담다
담아요
집다
집어요
샀다
샀어요

물을
밤을
감을

+

먹다
먹어요
담다
담아요
집다
집어요
샀다
샀어요

• 수준 2

물이랑 밤이랑 감이랑 귤이랑 당근이랑	+	물을 밤을 감을 귤을 당근을	+	먹다 먹어요 담다 담아요 집다 집어요 샀다 샀어요

물이랑 밤이랑 감이랑 귤이랑 당근이랑	+	물을 밤을 감을 귤을 당근을	+	먹다 먹어요 담다 담아요 집다 집어요 샀다 샀어요

/ㅎ/탈락 규칙을 적용하여 읽기

워크북 4–8–1

활용방법

- 다음 문장을 적절한 속도로 읽어 봅시다.
- 앞서 배운 규칙에 주의하여 읽어 봅시다.

※ 자세한 지침은 지침서를 참고해 주세요.

• 수준 1

예쁘게 땋아요.
빻은 마늘
아기 낳아요.
위에 놓아요.
좋은 채소

예쁘게 땋은 머리 좋아요.
빻은 마늘 냄비에 넣어요.
아기 낳아서 기분이 좋아요.
위에 놓은 물 조심해.
좋은 채소만 넣어요.

/ㅎ/탈락 규칙을 적용하여 읽기

워크북
4-8-2

활용방법

- 색깔이 있는 글자에 주의하여 읽어 봅시다.
- 단어를 빠르게 읽어 봅시다.
- 왼쪽에서 오른쪽으로, 오른쪽에서 왼쪽으로, 위에서 아래로, 아래에서 위로 등 여러 방향으로 읽어 봅시다.

※ 자세한 지침은 지침서를 참고해 주세요.

• 수준 1

넣은	땋은	빻은
놓은	낳은	좋은
땋은	낳은	빻은

넣은	땋은	빻은
놓은	낳은	좋은
땋은	낳은	빻은

• 수준 2

넣어	놓아	놓은	땋은
빻아	놓은	좋아	넣은
땋아	낳아	땋아	좋은
넣은	빻은	낳아	낳아

넣어	놓아	놓은	땋은
빻아	놓은	좋아	넣은
땋아	낳아	땋아	좋은
넣은	빻은	낳아	낳아

• 수준 3

좋아	낳을	빻은	낳아	땋아
넣은	놓은	빻아	좋은	낳은
좋을	낳아	낳은	땋아	빻을
좋을	놓을	넣을	놓아	낳을
빻은	땋은	좋은	땋을	빻아

좋아	낳을	빻은	낳아	땋아
넣은	놓은	빻아	좋은	낳은
좋을	낳아	낳은	땋아	빻을
좋을	놓을	넣을	놓아	낳을
빻은	땋은	좋은	땋을	빻아

/ㅎ/탈락 규칙을 적용하여 읽기

워크북
4-8-3

활용방법

- 문장과 문단을 적절한 속도로 읽어 봅시다.
- 앞서 배운 규칙에 주의하여 읽어 봅시다.
- 빠르게 여러 번 읽어 봅시다.

※ 자세한 지침은 지침서를 참고해 주세요.

- 수준 1

소풍가는 기분 좋은 아침. 엄마는 내가 좋아하는 샌드위치를 만든다. 나는 엄마를 도와 냉장고에서 과일과 야채를 꺼낸다. 엄마는 식빵 위에 준비한 재료를 쌓아 올린다. 양상추와 치즈를 올리고, 내가 좋아하는 햄과 계란도 쌓아 올린다. 엄마는 샌드위치를 도시락 통에 넣은 다음 과일도 준비해 넣어 준다. 나는 식탁 위에 놓인 과자와 냉장고에 넣어 둔 음료수를 챙긴다.

소풍가는 기분 좋은 아침. 엄마는 내가 좋아하는 샌드위치를 만든다. 나는 엄마를 도와 냉장고에서 과일과 야채를 꺼낸다. 엄마는 식빵 위에 준비한 재료를 쌓아 올린다. 양상추와 치즈를 올리고, 내가 좋아하는 햄과 계란도 쌓아 올린다. 엄마는 샌드위치를 도시락 통에 넣은 다음 과일도 준비해 넣어 준다. 나는 식탁 위에 놓인 과자와 냉장고에 넣어 둔 음료수를 챙긴다.

• 수준 2

소풍가는 기분 좋은 아침. 비가 그쳐 마음도 놓인다. 엄마는 내가 좋아하는 샌드위치를 만든다. 나는 엄마를 도와 냉장고에서 과일과 야채를 꺼낸다. 그리고 선반에 놓인 식빵도 준비한다. 엄마는 식빵 위에 준비한 재료를 쌓아 올린다. 양상추와 치즈를 올리고 내가 좋아하는 햄과 계란도 쌓아 올린다. 그리고 싱싱한 토마토도 넣어 샌드위치를 완성한다. 엄마는 샌드위치를 도시락 통에 넣은 다음 과일도 준비해 넣어 준다. 나는 냉장고에 넣어 둔 물과 음료수를 챙기고 짝꿍이 좋아하는 젤리도 챙긴다.

소풍가는 기분 좋은 아침. 비가 그쳐 마음도 놓인다. 엄마는 내가 좋아하는 샌드위치를 만든다. 나는 엄마를 도와 냉장고에서 과일과 야채를 꺼낸다. 그리고 선반에 놓인 식빵도 준비한다. 엄마는 식빵 위에 준비한 재료를 쌓아 올린다. 양상추와 치즈를 올리고 내가 좋아하는 햄과 계란도 쌓아 올린다. 그리고 싱싱한 토마토도 넣어 샌드위치를 완성한다. 엄마는 샌드위치를 도시락 통에 넣은 다음 과일도 준비해 넣어 준다. 나는 냉장고에 넣어 둔 물과 음료수를 챙기고 짝꿍이 좋아하는 젤리도 챙긴다.

어젯밤에 엄마가 봉숭아꽃을 돌멩이로 곱게 빻아 손톱을 물들여 주셨다. 오늘은 엄마가 내가 좋아하는 떡을 해 주신다고 하셨다. 나는 학교에 다녀와 가방을 내려놓은 다음 엄마를 도와주러 갔다. 엄마는 내 머리가 풀어졌다고 머리를 예쁘게 땋아 주셨다. 그리고 엄마는 쌀을 빻으러 가신다. 나는 엄마를 도와주기 위해 선반 위에 놓인 쌀을 건네준다. 엄마는 빻은 쌀에 물을 넣어서 주무른다. 주물주물 하자 가루가 점점 하나로 된다. 나도 엄마를 도우려고 빻은 가루를 주무른다. 맛있는 떡을 먹을 생각을 하니 기분이 너무 좋아서 신난다.

어젯밤에 엄마가 봉숭아꽃을 돌멩이로 곱게 빻아 손톱을 물들여 주셨다. 오늘은 엄마가 내가 좋아하는 떡을 해 주신다고 하셨다. 나는 학교에 다녀와 가방을 내려놓은 다음 엄마를 도와주러 갔다. 엄마는 내 머리가 풀어졌다고 머리를 예쁘게 땋아 주셨다. 그리고 엄마는 쌀을 빻으러 가신다. 나는 엄마를 도와주기 위해 선반 위에 놓인 쌀을 건네준다. 엄마는 빻은 쌀에 물을 넣어서 주무른다. 주물주물 하자 가루가 점점 하나로 된다. 나도 엄마를 도우려고 빻은 가루를 주무른다. 맛있는 떡을 먹을 생각을 하니 기분이 너무 좋아서 신난다.

기식음화 규칙을 적용하여 읽기

워크북
4-9-1

활용방법

- 다음 문장을 적절한 속도로 읽어 봅시다.
- 앞서 배운 규칙에 주의하여 읽어 봅시다.

※ 자세한 지침은 지침서를 참고해 주세요.

• 수준 1

긴 머리 땋기.
마늘 빻다.
새끼 낳다.
책 놓다.
저금통에 돈 넣기.

긴 머리는 땋기 좋다.
마늘 빻고 냉장고에 넣다.
새끼 낳고 기분 좋다.
책 놓고 머리 땋다.
돈 넣고 기분 좋다.

기식음화 규칙을 적용하여 읽기

워크북
4-9-2

활용방법

- 색깔이 있는 글자에 주의하여 읽어 봅시다.
- 단어를 빠르게 읽어 봅시다.
- 왼쪽에서 오른쪽으로, 오른쪽에서 왼쪽으로, 위에서 아래로, 아래에서 위로 등 여러 방향으로 읽어 봅시다.

※ 자세한 지침은 지침서를 참고해 주세요.

• 수준 1

넣다	땋다	낳다
놓다	빻다	넣다
낳다	좋다	땋다

넣다	땋다	낳다
놓다	빻다	넣다
낳다	좋다	땋다

• 수준 2

넣고	땋고	빻다
낳기	좋다	땋기
놓고	땋다	빻기

넣고	땋고	빻다
낳기	좋다	땋기
놓고	땋다	빻기

• 수준 3

넣고	낳다	놓기	좋고	땋기
빻고	넣다	놓고	낳기	땋고
넣다	놓고	낳다	좋고	넣기
빻다	땋고	넣다	땋기	좋다
빻고	놓기	넣다	좋고	낳기

넣고	낳다	놓기	좋고	땋기
빻고	넣다	놓고	낳기	땋고
넣다	놓고	낳다	좋고	넣기
빻다	땋고	넣다	땋기	좋다
빻고	놓기	넣다	좋고	낳기

기식음화 규칙을 적용하여 읽기

워크북
4-9-3

활용방법

- 문장과 문단을 적절한 속도로 읽어 봅시다.
- 앞서 배운 규칙에 주의하여 읽어 봅시다.
- 빠르게 여러 번 읽어 봅시다.

※ 자세한 지침은 지침서를 참고해 주세요.

- 수준 1

나는 강아지가 좋다. 오늘 우리 강아지가 새끼 강아지를 낳기 위해 준비한다. 나는 머리를 땋고 기다린다. 강아지가 새끼 강아지를 낳고 고통스러워한다. 나는 강아지 물과 사료를 놓고 나간다. 강아지는 내가 놓고 간 물 마신다.

나는 강아지가 좋다. 오늘 우리 강아지가 새끼 강아지를 낳기 위해 준비한다. 나는 머리를 땋고 기다린다. 강아지가 새끼 강아지를 낳고 고통스러워한다. 나는 강아지 물과 사료를 놓고 나간다. 강아지는 내가 놓고 간 물 마신다.

나는 강아지가 좋다. 왜냐하면 귀여워서 좋다. 오늘 우리 강아지가 새끼 강아지를 낳기 위해 준비한다. 나는 머리를 땋고 기다린다. 나는 강아지 집에 담요 넣고 새끼 낳기 편하게 해 준다. 엄마는 사료 빻고 강아지에게 줄 준비한다. 강아지가 새끼 강아지를 낳자마자 고통스러워한다. 강아지는 새끼 낳고 아프지만 나는 기분이 좋다. 나는 강아지 사료를 내려놓고 친구들에게 자랑하러 간다.

나는 강아지가 좋다. 왜냐하면 귀여워서 좋다. 오늘 우리 강아지가 새끼 강아지를 낳기 위해 준비한다. 나는 머리를 땋고 기다린다. 나는 강아지 집에 담요 넣고 새끼 낳기 편하게 해 준다. 엄마는 사료 빻고 강아지에게 줄 준비한다. 강아지가 새끼 강아지를 낳자마자 고통스러워한다. 강아지는 새끼 낳고 아프지만 나는 기분이 좋다. 나는 강아지 사료를 내려놓고 친구들에게 자랑하러 간다.

/ㅎ/탈락 및 기식음화 규칙을 함께 적용하여 읽기

워크북
4-10-1

활용방법

- 2개의 낱말을 붙여서 읽어 봅시다.
- 앞서 배운 규칙에 주의하여 읽어 봅시다.
- 적절한 속도로 읽어 봅시다.

※ 자세한 지침은 지침서를 참고해 주세요.

• 수준 1

빵고

빵아서

뚫고

뚫어서

+

넣다

넣기

놓다

놓기

빵고

빵아서

뚫고

뚫어서

+

넣다

넣기

놓다

놓기

야채	+	많아서 넣어서	+	좋다 좋고 싫다 싫고

야채	+	많아 서 넣어 서	+	좋다 좋고 싫다 싫고

• 수준 2

빻은
많은

\+ 고추 +

넣다
넣기
놓다
놓기

빻은
많은

\+ 고추 +

넣다
넣기
놓다
놓기

부록

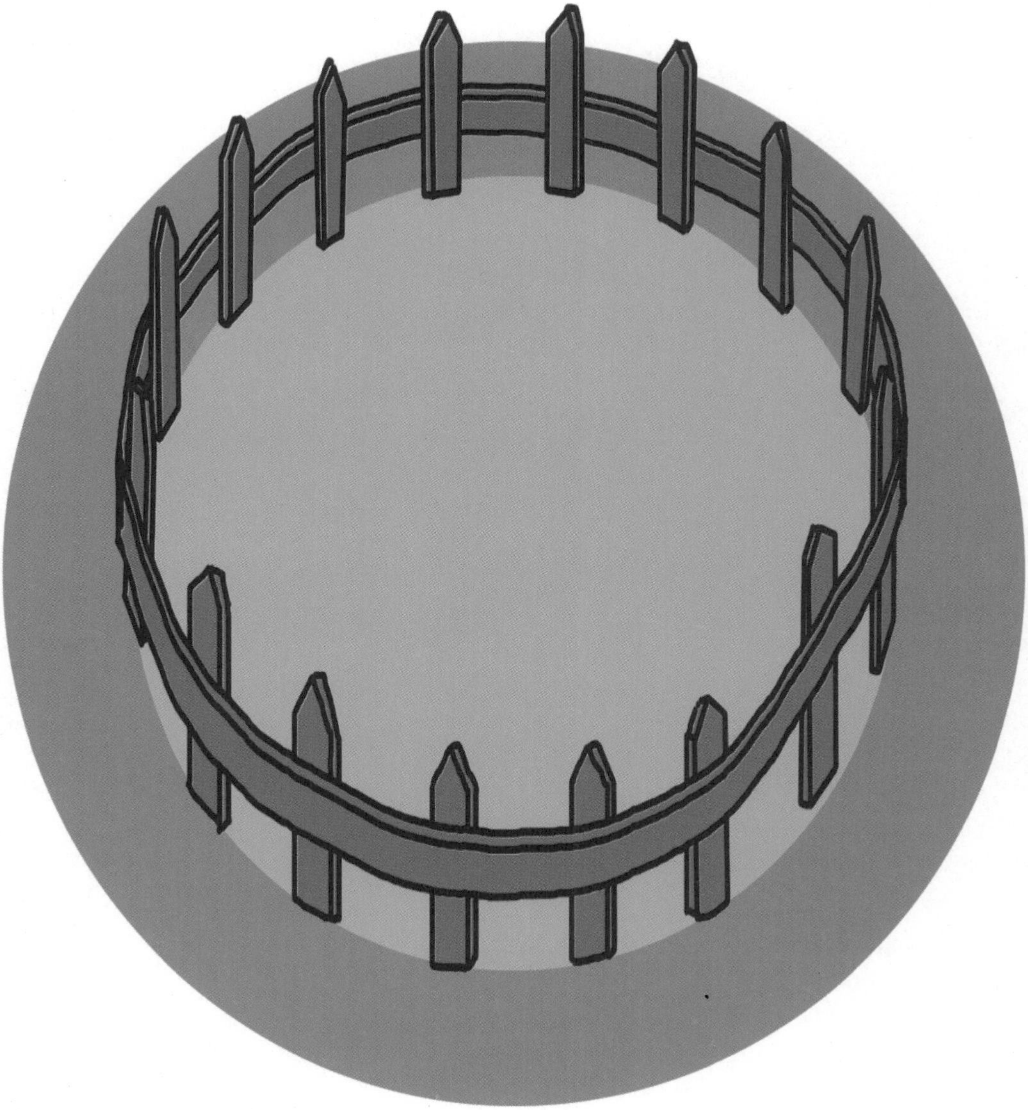

곰	토끼	토끼
코끼리	곰	곰
곰	코끼리	호랑이
곰	호랑이	코끼리
호랑이	토끼	호랑이

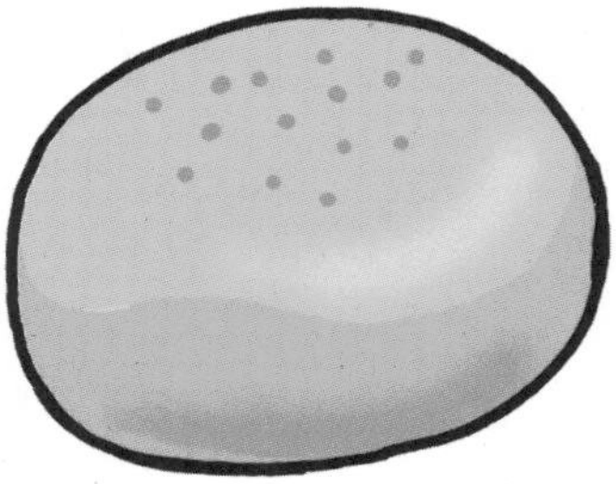

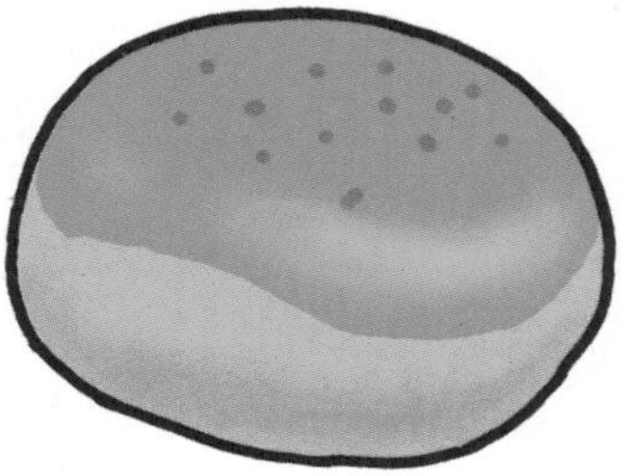
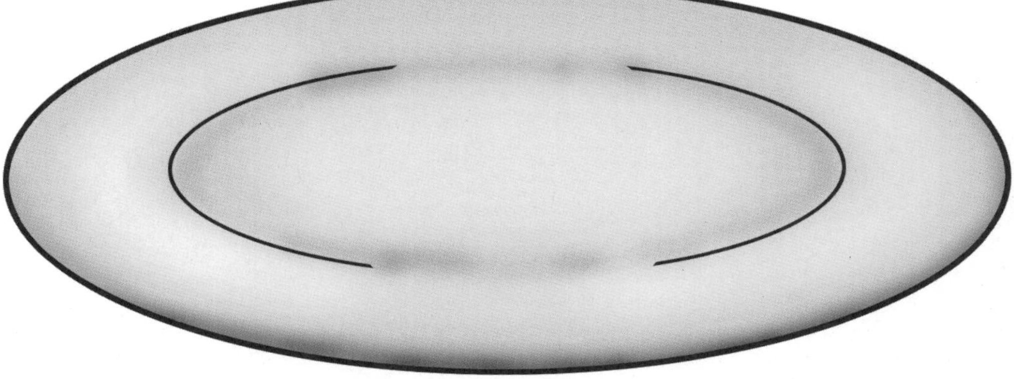

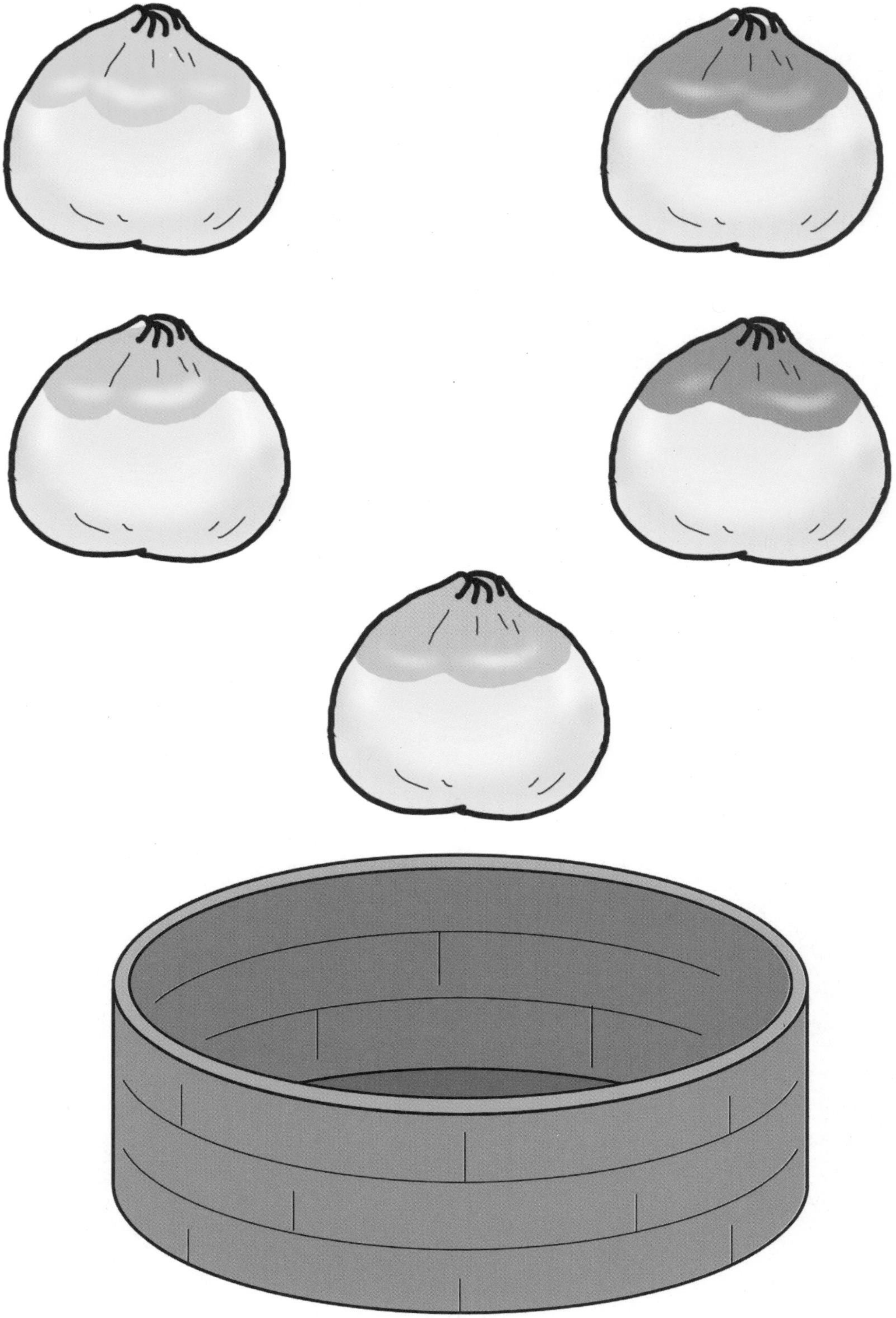

ㄱ	ㄴ	ㄷ
ㄹ	ㅁ	ㅂ
ㅅ	ㅈ	ㅊ

ㅋ	ㅌ	ㅍ
ㅎ	ㄲ	ㄸ
ㅃ	ㅆ	ㅉ

ㅁ ㄴ ㅇ

ㄹ ㄱ ㅂ

ㄷ

ㅏ	ㅓ	ㅗ
ㅜ	ㅡ	ㅣ
ㅑ	ㅕ	ㅛ

ㅗ ㅏ ㅓ

ㅣ ㅡ ㅜ

ㅛ ㅑ ㅕ

ㅠ	ㅔ	ㅐ
ㅖ	ㅒ	ㅘ
ㅙ	ㅚ	ㅝ
ㅞ	ㅟ	ㅢ

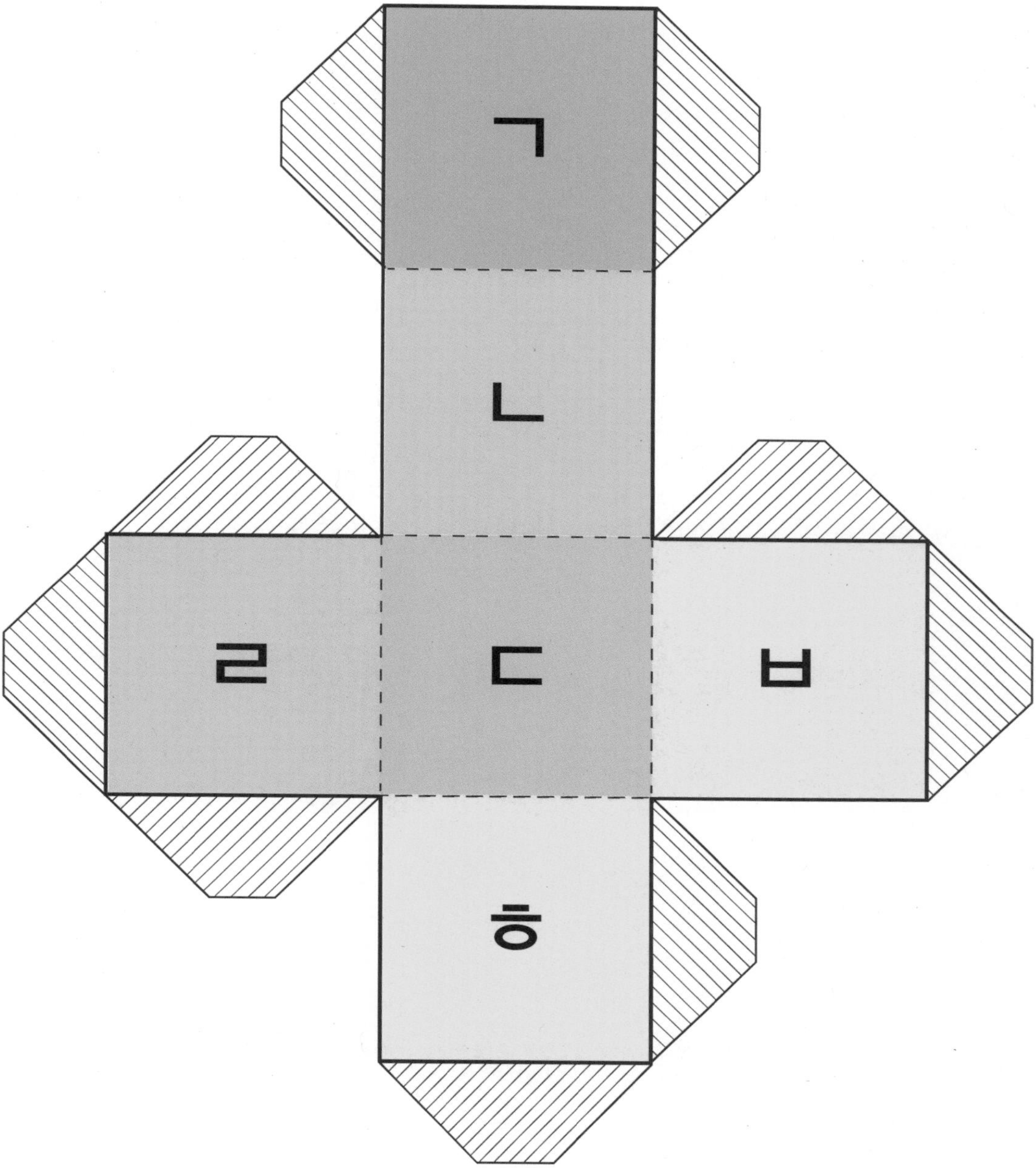
ㄱ
ㄴ
ㄹ
ㄷ
ㅂ
ㅎ

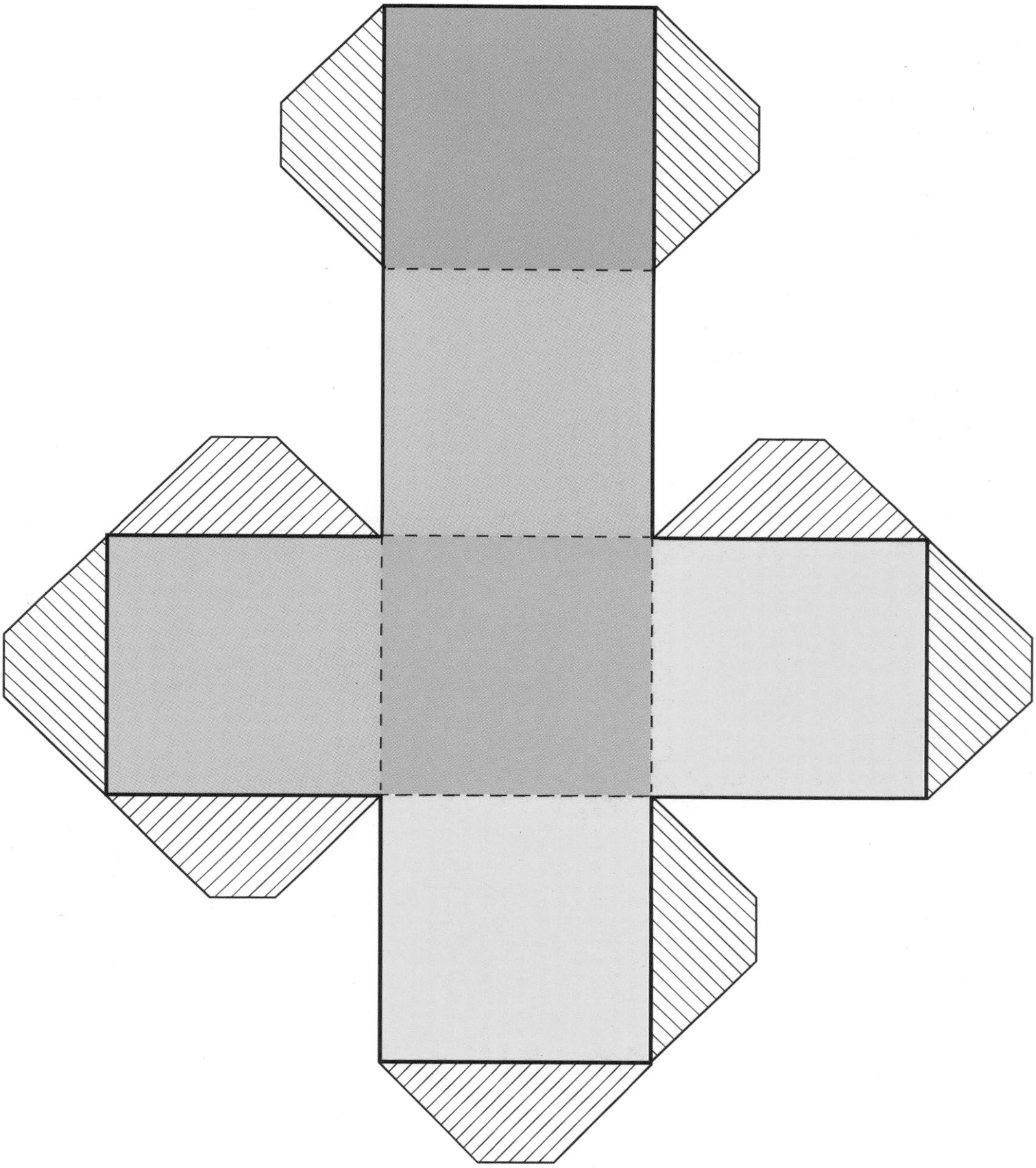

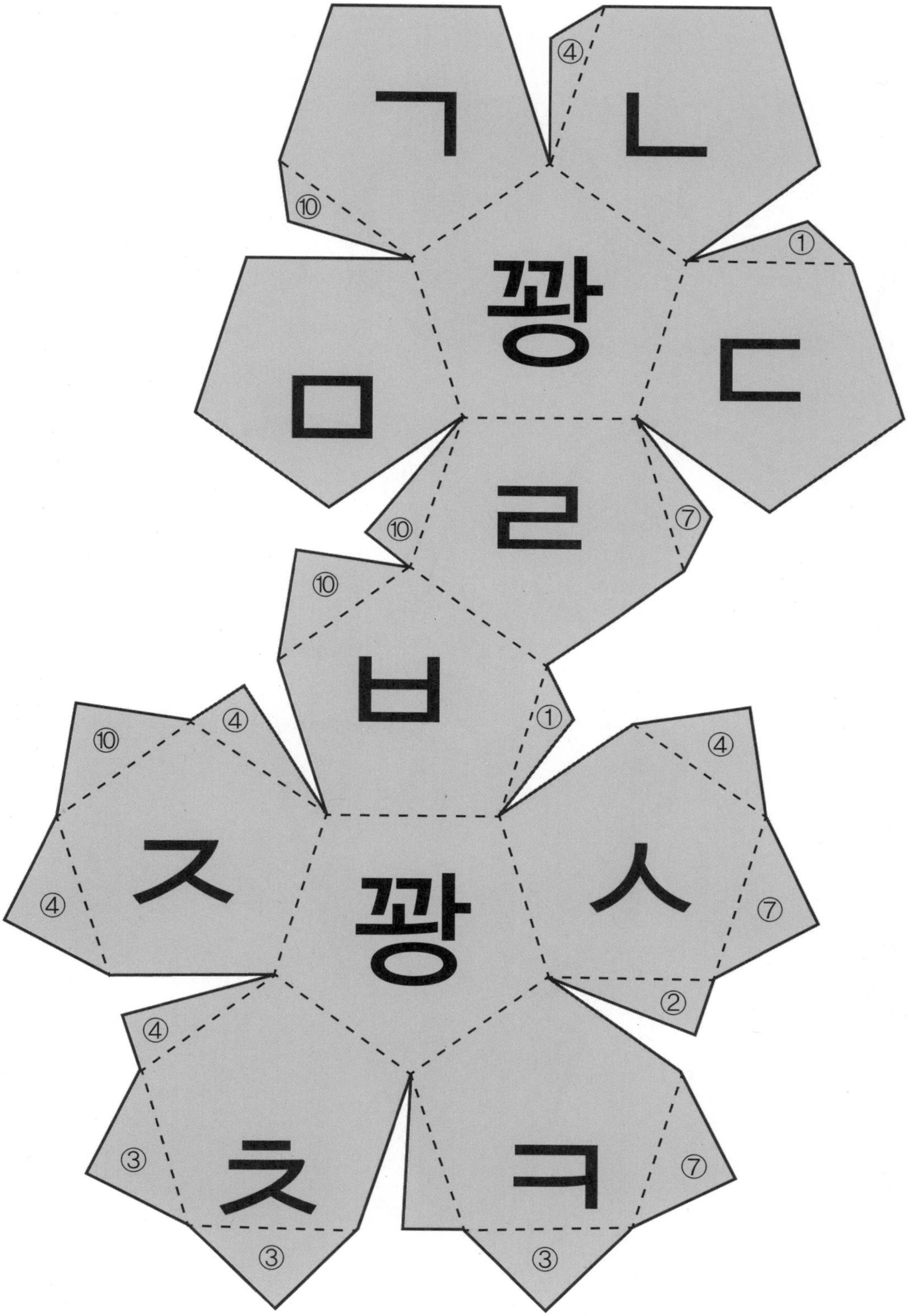
④
ㄱ
ㄴ
⑩
①
꽝
ㅁ
ㄷ
ㄹ
⑩
⑦
⑩
ㅂ
①
⑩
④
④
ㅈ
꽝
ㅅ
④
⑦
②
④
③
ㅊ
ㅋ
⑦
③
③

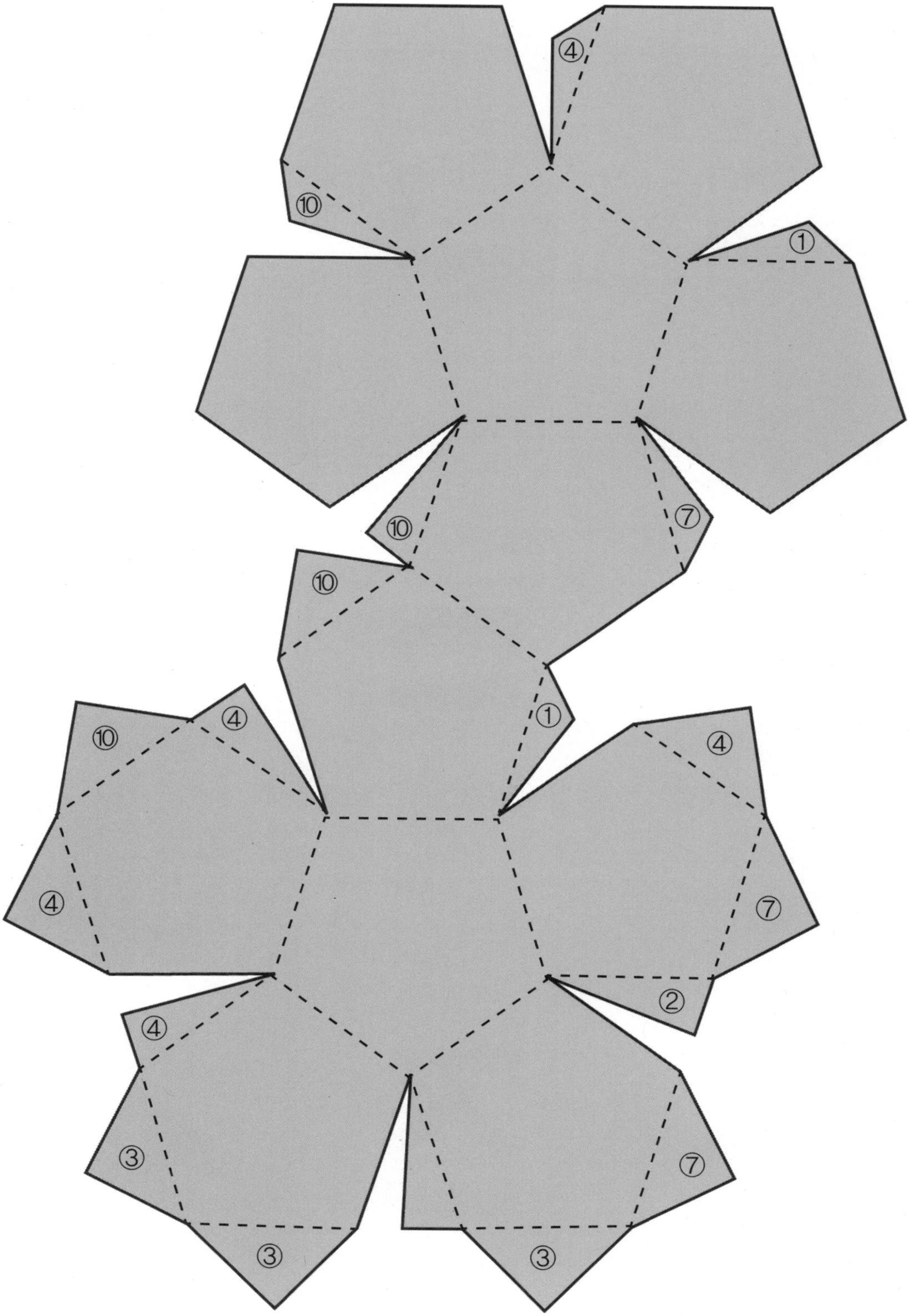
④
⑩
①
⑩
⑦
⑩
①
⑩
④
④
④
⑦
②
④
③
⑦
③
③

ㄱ
ㄴ
ㅁ
ㅅ
ㅋ
ㅊ
ㅂ
ㅍ
ㅗ
ㅜ
ㅗ
ㅜ
ㅗ
ㅗ
ㅗ
ㅜ

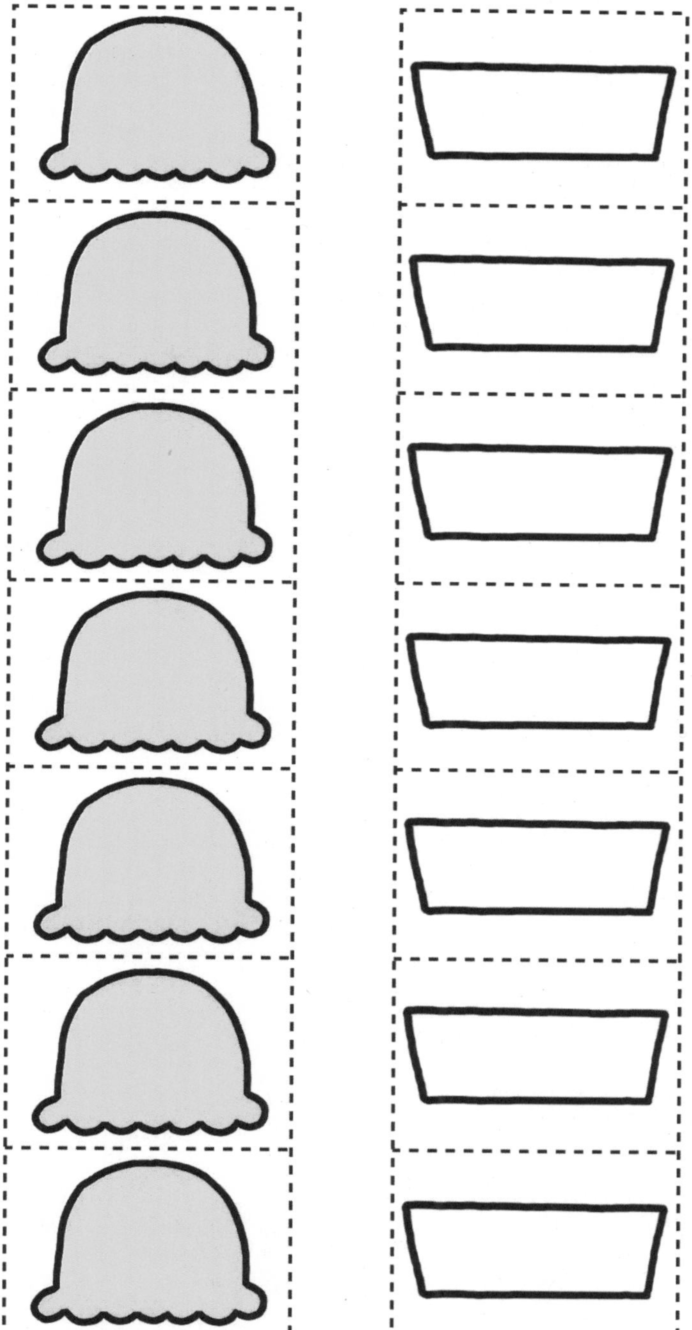

엄마 아빠 아기

사과 우유

가다 사다

가	를	만	도

엄마 아빠 아기

사과 우유

가다 사다 자다

가	를	만	도

MEMO

MEMO

MEMO

MEMO

MEMO

MEMO

MEMO

MEMO

언어/읽기 발달 촉진을 위한

우리말카드

연구개발 I 김효진 · 김미배 · 진연선 · 배소영

대 상 I 미취학 아동 ~성인(5세 이상)

실시형태 I 개인 및 소집단

소요시간 I 각 회기별 40분

세트 가격 I 300,000원

우리말카드 **구성**

우리말 카드 1(5벌)
75,000원

- 명사카드 1 [61장] 운동/놀이/교통수단 외
- 명사카드 2 [68장] 사람/직업
- 명사카드 3 [63장] 위치/색/단위명사
- 명사카드 4 [66장] 주거공간/가전/주방/욕실
- 의문사카드 [99장] 누구/무엇/어디 외

우리말 카드 2 (5벌)
75,000원

- 명사카드 5 [97장] 생활용품/연장/학용품/악기
- 명사카드 6 [99장] 장소/때. 날씨
- 명사카드 7 [95장] 동물/식물
- 명사카드 8 [89장] 신체부위/액세서리/의복
- 명사카드 9 [94장] 과일. 열매/채소/음식

우리말 카드 3 (5벌)
75,000원

- 서술어카드 1 [94장] 반대말/정서감정어
- 서술어카드 2 [98장] 학교생활
- 서술어카드 3 [99장] 가정생활
- 서술어카드 4 [96장] 교외생활
- 서술어카드 5 [65장] 지역사회생활

우리말 카드 4 (5벌)
75,000원

- 조음어휘카드 1 [98장] 어두초성
- 조음어휘카드 2 [93장] 어중초성
- 조음어휘카드 3 [96장] 종성
- 소리놀이카드 [99장] 수 세기/첫소리알기/소리만들기
- 낱말읽기카드 [99장] 받침없음/받침있음/다음절

Korean words card (우리말카드)는?

개발진이 오랜 기간 임상장면(일반, 장애,다문화, 가정 등)에서의 경험을 바탕으로 우리말을 배우는 데 꼭 필요한 단어들을 엄선하여 명사, 서술어, 소리놀이카드, 낱말읽기카드, 조음카드, 의문사카드로 구성하였다. 우리말을 배우기 시작하는 미취학 아동뿐만 아니라 성인 그리고 외국인(이주민)들이 쉽고 재미있게 배울 수 있다.

우리말카드의 특징

- 언어 · 교육 목적 외에 언어 치료 목적으로도 카드 활용이 가능하다.
- 한국적인 고유의 특성을 살린 낱말 및 그림 카드로 구성되어 우리말과 우리 정서를 배우는 데 도움이 된다.
- 우리말카드는 조음어휘/소리놀이/낱말읽기 등 특색 있는 카드가 추가로 구성되어 있어 언어 및 읽기발달을 촉진하는 데 유용하다.
- 조음어휘 카드에 명사 뿐만 아니라 서술어가 포함되어 있어 문장 수준에서 적용하는 데 용이하다.
- 우리말카드는 실제 많이 접할 수 있는 상황(가정상황, 학교상황 등)별로 명사카드는 31개 범주, 서술어 카드는 15개의 세분화된 범주로 나누어져 있어 상황별 언어학습이 가능하다.
- 철제 케이스로 구성되어 카드를 반영구적으로 사용, 보관할 수 있다.
- 범주별로 카드의 앞, 뒷면의 색을 확인하여 쉽게 구별할 수 있다.

저자 소개

김미배(Mibae Kim)
한림대학교(Ph. D., 언어청각학)
현 부산가톨릭대학교 언어청각치료학과 교수
여성가족부 다문화가족자녀 언어발달지원사업 슈퍼바이저
한국난독증협회 문해교육전문가 슈퍼바이저
전 연세언어청각연구원 언어연구원

윤효진(Hyojin Yoon)
테네시 주립대학교(Ph. D., 언어병리학)
현 조선대학교 언어치료학과 교수
여성가족부 다문화가족자녀 언어발달지원사업 슈퍼바이저
한국난독증협회 문해교육전문가 슈퍼바이저

정연주(Younju Jung)
한림대학교 석사(언어청각학)
현 언어학습연구소 정담 소장
한국난독증협회 문해교육전문가 슈퍼바이저
전 아이공감정신과의원 언어치료사

설아영(Ahyoung Seol)
한림대학교 (Ph. D., 언어병리학)
현 한림대학교 언어청각학부 강사
한림청각언어연구소 연구원
한국난독증협회 문해교육전문가 슈퍼바이저

신가영(Gayoung Shin)
한림대학교 박사과정 수료(언어병리학)
현 한국난독증협회 문해교육전문가 슈퍼바이저
전 서울아이정신과의원 언어치료사

배소영(Soyeong Pae)
캔자스 대학교(Ph. D., 아동언어 및 장애 연구)
현 한림대학교 언어청각학부 교수
한국난독증협회 자문위원
LENA Research Foundation, USA, 자문위원
전 한국언어청각임상학회장, 한국언어치료학회, 한국음성과학회, 한국언어치료전문가협회 이사

한국어 말하기
읽기 성장 프로그램

우리말카드와 함께하는 **한국어 해독해**

④ 해독과 읽기 유창성 워크북

Korean Decoding and Reading Comprehension with Korean cards: K-DRC

④ Decoding Phonics and Reading Fluency: Workbook

2017년 6월 20일 1판 1쇄 인쇄
2017년 6월 30일 1판 1쇄 발행

지은이 • 김미배 · 윤효진 · 정연주 · 설아영 · 신가영 · 배소영
펴낸이 • 김진환
펴낸곳 • (주)학지사
04031 서울특별시 마포구 양화로 15길 20 마인드월드빌딩
대표전화 • 02-330-5114 팩스 • 02-324-2345
등록번호 • 제313-2006-000265호

홈페이지 • http://www.hakjisa.co.kr
페이스북 • https://www.facebook.com/hakjisa

ISBN 978-89-997-1294-4 94370
978-89-997-1290-6 94370(set)

정가 18,000원

이 도서의 국립중앙도서관 출판시도서목록(CIP)은 서지정보유통지원시스템 홈페이지(http://seoji.nl.go.kr)와 국가자료공동목록시스템(http://www.nl.go.kr/kolisnet)에서 이용하실 수 있습니다.
(CIP 제어번호: CIP2017012807)